基金项目：2019年度河南省高等教育教学改革研究与实践项目、《"三全育人"视域下高职院校创新创业教育与精准扶贫融合机制研究与实践》（2019SJGLX618）；2020年度河南省重点研发与推广专项软科学研究计划项目《乡村振兴战略下河南农村电商可持续发展路径研究》（202400410254）；河南省教育科学"十四五"规划2021年度一般课题《"OBE理念+雨课堂"混合教学模式在高职电子商务课程的应用研究》（2021YB0666）

乡村振兴背景下农村电商可持续发展研究

尤 影 著

吉林大学出版社

·长春·

图书在版编目(CIP)数据

乡村振兴背景下农村电商可持续发展研究 / 尤影著. —长春：吉林大学出版社，2021.9
ISBN 978-7-5692-8862-9

Ⅰ. ①乡… Ⅱ. ①尤… Ⅲ. ①农村—电子商务—研究—中国 Ⅳ. ①F724.6

中国版本图书馆CIP数据核字(2021)第189728号

书　　名：乡村振兴背景下农村电商可持续发展研究
XIANGCUN ZHENXING BEIJING XIA NONGCUN DIANSHANG KECHIXU FAZHAN YANJIU

作　　者：尤　影 著
策划编辑：邵宇彤
责任编辑：李潇潇
责任校对：高珊珊
装帧设计：优盛文化
出版发行：吉林大学出版社
社　　址：长春市人民大街4059号
邮政编码：130021
发行电话：0431-89580028/29/21
网　　址：http://www.jlup.com.cn
电子邮箱：jdcbs@jlu.edu.cn
印　　刷：定州启航印刷有限公司
成品尺寸：170mm×240mm　16开
印　　张：12.5
字　　数：221千字
版　　次：2021年9月第1版
印　　次：2021年9月第1次
书　　号：ISBN 978-7-5692-8862-9
定　　价：65.00元

版权所有　　翻印必究

前言

乡村振兴战略是在对关系国计民生的"三农"（指农业、农村、农民，下同）这一根本问题进行系统研判之后提出来的，它是一个系统性、综合性、全局性的发展战略。乡村振兴战略的提出让很多人眼前一亮，其内容非常丰富，对农村的发展具有重大意义。作为一个系统性、综合性、全局性的发展战略，实施乡村振兴战略不仅是推动农业农村发展繁荣的重大决策，还是推动新型城镇化大发展的重要内容，与深入推进市场经济持续健康发展和建设富强民主文明和谐美丽的社会主义现代化强国有重要关联，充分体现了党中央、国务院对"三农"工作的高度重视。

乡村振兴战略坚持农业农村优先发展，按照产业兴旺、生态宜居、乡风文明、治理有效、生活富裕的总要求，建立健全城乡融合发展体制机制和政策体系，统筹推进农村经济建设、政治建设、文化建设、社会建设、生态文明建设和党的建设，加快推进乡村治理体系和治理能力现代化，加快推进农业农村现代化，走中国特色社会主义乡村振兴道路，让农业成为有奔头的产业，让农民成为有吸引力的职业，让农村成为安居乐业的美丽家园。

农村电商是一种新的商业运营模式，随着农村互联网覆盖率的不断提升，我国农村电商也实现了蓬勃的发展。一方面，农村电商的发展将城市中大量的工业品、消费品输送到乡村，对繁荣农村消费、活跃农村流通发挥了积极的作用；另一方面，电子商务拓宽了农产品销售的渠道，同时带动了乡村旅游、乡村教育和金融服务等方面的发展，极大促进了乡村的发展。在乡村振兴的背景下，农村电商所发挥的重要作用愈加凸显，所以各级政府先后出台了一系列的政策，旨在促进农村电商的持续发展，并使电商成为促进乡村发展、推动乡村振兴战略实施的重要动力。当然，农村电商虽然在短时间内实现了蓬勃的发展，但发展到现阶段也面临着诸多的挑战和困境，所以如何迎接挑战和困境，促进农村电商的可持续发展，就成了一个必然要思考的问题。

本书一共八章，撰写的主旨就是系统研究乡村振兴背景下农村电商的可持续发展。本书前两章先从理论基础层面对乡村振兴以及农村电商做了详细的阐述；第三章分析了国外农村电商可持续发展的历程与启示；第四章就乡村振兴战略与农村电商发展的辩证关系进行了论述；第五章简要阐述了农产品电子商务平台的建设；第六章剖析了"互联网+农业"的创新模式；第七章系统论述了农村电商可持续发展的路径；第八章则以河南省为实例，全面分析了河南省农村电商的可持续发展路径。

本书在撰写过程中，力求语言简洁明了，且图文表相结合，旨在让广大读者阅读起来更加轻松流畅。但鉴于笔者文字水平有限，书中论述难免存在不足之处，恳请广大读者批评指正。

目录

第一章 背景梳理：乡村振兴 001
- 第一节 乡村振兴战略实施背景 002
- 第二节 乡村振兴战略实施重点 006
- 第三节 "三农"治理逻辑及其框架 015
- 第四节 开创新时代"三农"新格局 024

第二章 概念认知：农村电商 031
- 第一节 农村电商概念及特征 032
- 第二节 农村电商的发展背景 035
- 第三节 农村电商的发展历程 040
- 第四节 农村电商的商业机遇 044

第三章 他山之玉：国外农村电商可持续发展历程与启示 055
- 第一节 国外农村电商的产生之源及其发展 056
- 第二节 国外农村电商基本特征与未来趋势 059
- 第三节 国外农村电商扶贫政策及案例分析 061
- 第四节 国外农村电商发展模式对我国的启示 064

第四章 珠联璧合：乡村振兴与农村电商融合交汇 071
- 第一节 农村电商为实施乡村振兴战略提供新动力 072

第二节 乡村振兴战略为农村电商发展提供新机遇 ……… 078
第三节 乡村振兴战略下农村电商发展面临的新挑战 ……… 084
第四节 农村电商与乡村振兴战略的促进融合之道 ……… 088

第五章 断鳌立极：基于产业特色的农产品电子商务平台建设 ……… 091

第一节 农产品电子商务平台系统需求 ……… 092
第二节 农产品电子商务平台系统设计 ……… 094
第三节 农产品电子商务平台系统实现 ……… 101

第六章 革故鼎新："互联网+农业"的创新模式 ……… 105

第一节 "互联网+县域"成为农村经济发展新引擎 ……… 106
第二节 "互联网+农业众筹"拓宽乡村农业发展路径 ……… 111
第三节 "互联网+品牌农业"打造互联网农业品牌 ……… 118
第四节 "互联网+营销"扩大农产品营销战略 ……… 125

第七章 康庄大道：农村电商可持续发展的路径 ……… 131

第一节 农村电商可持续发展政策支持体系建设与完善 ……… 132
第二节 农村电商可持续发展人才培养与创新 ……… 140
第三节 农村电商可持续发展品牌化建设与创新 ……… 148
第四节 农村电商可持续发展平台建设新趋势 ……… 156

第八章 电商实战：农村电商在河南省的实证分析 ……… 165

第一节 河南省农村电商产业生命周期和PEST分析 ……… 166
第二节 河南省农村电子商务发展存在的挑战 ……… 173
第三节 国内农村电商几种发展模式解读 ……… 177
第四节 河南省农村电子商务可持续发展路径 ……… 179

附录 河南省农村电子商务发展现状调查 ……… 185

参考文献 ……… 187

第一章　背景梳理：乡村振兴

第一节 乡村振兴战略实施背景

一、乡村振兴的基础条件已初步具备

（一）乡村已初步具备快速发展的基础

2019年，我国乡村人均可支配收入为16 021元，与2000年的2 282元相比增加了6倍，与1978年的134元相比增加了120倍，虽然与城镇居民的42 359元相比还存在一定的差距，但随着乡村振兴战略的实施，乡村必然能够实现进一步的发展，乡村居民的人均可支配收入也必将继续增长。[①]另外，乡村基础设施建设也在不断完善，21世纪特别是党的十八大以来，全国农村公路经历了以适应全面建成小康社会为导向，以乡镇、建制村通畅工程为重点的大规模建设与发展阶段，农村公路覆盖范围、通达深度、通畅水平、服务能力显著提高，农村交通运输条件明显改善，农民群众出行难问题得到基本解决，为打赢脱贫攻坚战发挥了巨大作用。由交通运输部印发的《农村公路中长期发展纲要》可知，到2020年年底，具备条件的乡镇和建制村通硬化路、通客车目标全面实现，基本形成了遍布农村、连接城乡的农村公路网络。截至2020年12月，我国网民规模达9.89亿人，互联网普及率达70.4%，较2020年3月提升5.9个百分点。其中，农村网民规模为3.09亿人，较2020年3月增长5 471万人；农村地区互联网普及率为55.9%，较2020年3月提升9.7个百分点。近年来，网络扶贫行动向纵深发展取得实质性进展，并带动边远贫困地区非网民加速转化。在网络覆盖方面，贫困地区通信"最后一公里"被打通，截至2020年11月，贫困村通光纤比例达98%。[②]这都为脱贫攻坚战的胜利打下了坚实基础。交通、通信等公共服务设施是乡村发展的重要支撑，这些基础设施的健全表明乡村已初步具备快速发展的基础。

[①] 国家统计局.中国统计年鉴—2020[M].北京：中国统计出版社,2020:4.
[②] 中国互联网络信息中心.CNNIC发布第47次《中国互联网络发展状况统计报告》[R/OL].（2021-02-03）[2021-02-15].http://cnnic.cn/gywm/xwzx/rdxw/20172017_7084/202102/t20210203_71364.htm.

（二）符合我国国情的乡村经济体制已初步建立

"三农"问题解决的关键在于农民物质利益和民主权利的保障，所以自改革开放以来，我国针对乡村经济体制实施的各项改革措施始终以农民的根本利益为出发点和落脚点。从改革开放之初废除人民公社的管理体制，实行土地家庭联产承包责任制，到深化土地制度改革，土地所有权、承包经营权的"两权分离"，再到土地所有权、承包权、经营权"三权分置"，使乡村经济结构从原有的集体所有制，逐步走向以公有制为主体、多种所有制经济共同发展的经济结构。[①] 从我国乡村经济体制发展的历程可知，针对乡村经济体制的改革始终从我国的国情出发，并秉承着保障农民利益的原则，逐渐建立了有助于解放和发展乡村生产力的体制基础。

（三）乡村经济结构在不断优化

提起乡村的产业，很多人第一时间想到的必然是农业。的确，长久以来，农业一直是乡村产业中的重中之重，直到今天，农业在乡村的三大产业中的占比仍旧很高。但随着乡村经济的发展，随着城乡居民收入的提高，人们的消费观念也在不断改变，由此催生了乡村发展的新格局，出现了旅游农业、休闲农业等新模式。这些新模式的出现不仅促进了乡村经济的进一步发展，还促进了乡村经济结构的转型和优化，拓宽了乡村的产业链，推进了乡村产业的融合发展。乡村振兴的要求之一是产业兴旺，而乡村经济结构的优化无疑为乡村产业的发展提供了基础，这一基础也是乡村振兴战略实施的基础。

二、乡村发展中的一些问题逐渐凸显

（一）乡村人口结构失衡

自改革开放以来，随着城镇化进程的不断加快，乡村中的大量劳动力开始向城市转移，这些流向城市的劳动力为城市的发展做出了巨大的贡献。相比较而言，流向城市的人多是青壮年和文化程度较高的人，他们有更强的意愿留在城市发展。这种人口的流动造成的乡村人口结构失衡不仅体现在人口年龄结构上的失衡，还体现在人力资源的失衡。的确，乡村人口向城市的流动所导致的空巢老人、留守儿童等现象比较明显，更容易被人们关注；但其实乡村人力资源的流失也限制了乡村发展的能力与潜力，由于这一影响是潜在的，所以直到城乡发展呈现差距之后才逐渐被人们认识到。近些年来，一系列扶持乡村发展政策的提出虽然吸引了一大批人才返乡、下乡、留乡，但仍旧没有彻底解决乡

[①] 张芬.乡村振兴战略下农村文化建设研究[M].长春：吉林大学出版社，2020：3.

村人口结构失衡的问题,所以实施乡村振兴战略,以吸引和鼓励更多的人才返乡、下乡、留乡就显得非常有必要。

(二) 乡村生态环境亟待保护和修复

在我国工业化进程快速推进、农村经济快速发展的同时,农村生态环境问题逐渐进入人们的视野。相比于城市而言,农村的特点与优势之一就是优美的生态环境,但乡镇企业的发展以及一些工业园区在乡村的规模化布局也不可避免地带来了污染问题,使乡村的生态美被破坏。与此同时,农村种植业、养殖业中化肥、农药的过量使用又进一步加剧了农村环境的污染。乡村地区的生态环境建设、环境保护意识比较薄弱,所以生态问题出现之初没有引起足够的重视,当开始对乡村生态问题进行管理时,生态环境已遭受了一定程度的破坏。虽然经过多年的努力,乡村生态环境问题得到初步解决,但乡村生态环境的保护与修复依旧是任重道远。因此,乡村振兴战略将乡村的生态振兴作为一个工作的重点,而不是仅仅追求经济的发展,其目的是追求人与自然的和谐统一。

(三) 乡村传统文化需要进一步传承和发展

乡村传统文化是农耕文明的产物,也是我国传统文化的根源,既体现在文化的附着物——建筑、器皿、服饰上,又体现在人的审美趣味与精神追求上。然而,随着城镇化进程的不断加快,乡村传统文化呈现出衰落的趋势,其原因是复杂多样的。其一,为了实现经济的快速发展,人们弱化了对文化的保护与开发,将更多的精力与资源放到经济发展中,导致了乡村经济与文化发展的不均衡。其二,乡村大量中青年向城市的转移导致文化的传承出现了断层,而目前作为传承文化主体的老年人在当前的社会阶层变化中日益边缘化,使他们无力传承和创新乡村传统文化,这又进一步导致了乡村文化的断裂。其三,现代文化强烈冲击着乡村传统文化,越来越多的人对乡村传统文化失去了兴趣,导致传统习俗逐渐消逝或不得不改变,失去了原本的文化内涵。面对乡村文化逐渐衰落的情况,2005年提出的建设社会主义新农村的任务便将乡村文明作为一个工作的重点提了出来,经过十余年的努力,越来越多人开始重视乡村传统文化的继承与发展,但文化的传承、发展与振兴是一项长期的工程,需要继续坚定不移地走下去。因此,2017年提出的乡村振兴战略依旧将乡村文化建设放在关键地位上。

三、新历史时期的必然要求

(一) 加快社会主义现代化的基础

党的十九大报告做出的一个新的研判就是中国特色社会主义已进入一个新

的时代，这一研判是对我国社会主义建设新的历史定位。任何一个国家在发展的道路上都需要在不断回顾历史、总结当下、展望未来的基础上对自身的历史定位做出研判，原因是只有明确了自身的历史定位，才能制定出符合国情的政策，从而更好地前行。在新的历史时期，我国社会的主要矛盾已经转化为人民日益增长的美好生活需要和不平衡不充分的发展之间的矛盾。而我国农村发展最大的不充分是农村发展的不充分，包括农业现代化发展的不充分、社会主义新农村建设的不充分、农民群体提高教科文卫发展水平和共享现代社会发展成果的不充分等。[1] 乡村振兴战略的实施是全面建成小康社会、实现社会主义现代化建设、建成社会主义现代化强国的必要过程，也是支撑这些目标实现的基础。

（二）实现城乡融合发展的依托

改革开放以来，随着城镇化进程的加快，城乡发展出现了分化。面对城乡发展不平衡的问题，城乡统筹的理念被提出。城乡统筹的格局意在充分发挥工业对农业的支持和反哺作用、城市对农村的辐射和带动作用，建立以工促农、以城带乡的长效机制，促进城乡协调发展。在实践操作中，城乡统筹发挥了积极的作用，在很大程度上带动了乡村的发展。虽然乡村和城市的发展依旧存在一定的差距，但毋庸置疑的是，乡村发展已经取得了初步的成效，所以在当前的历史时期下，应该重新进行定位城市和乡村的关系。的确，以城市和乡村当前的发展态势来看，两者关系应该是相互协调、相互补充、相互融合的，也正是基于对乡村和城市当前关系的思考，乡村振兴战略重点强调了乡村与城市的融合发展，这是实现这一目标的保障与依托。

（三）破解"三农"问题的路径与选择

我国"三农"问题的产生既有历史因素，又有现实因素，可以说是长达半个世纪城乡矛盾积累的结果，是中国在快速转型发展过程中出现的问题，它在今天中国现代化进程加快的情况下表现得更为突出。[2] 对于"三农"问题，中国共产党历来非常重视，始终将解决"三农"问题作为工作的重心。党的十八大以来，以习近平同志为核心的党中央进一步强调要始终把解决好农业、农村、农民问题作为全党工作的重中之重，要求"各级党政领导干部要把熟悉党的'三农'政策和国情农情作为必修课，把善于做好新时期'三农'工作当作基本功，切实转变工作作风，深入基层调查研究，不断提高'三农'工作水

---

[1] 秦中春. 把握实施乡村振兴战略的重大意义和工作重点[N]. 中国经济时报, 2017-11-15(1).

[2] 马宝成. 中国"三农"问题: 现状与未来[J]. 山东社会科学, 2005(10):124-130.

平"①。2017年10月18日,习近平在党的十九大报告中再次强调:"农业农村农民问题是关系国计民生的根本性问题,必须始终把解决好'三农'问题作为全党工作重中之重。"②

与以往以城带农、以工促农的发展策略相比,乡村振兴战略无疑更具战略意义。乡村振兴战略创新性地提出了以下新思路:构建现代农业产业体系、生产体系、经营体系,培育新型农业经营主体,健全农业社会化服务体系,实现小农户生产和现代农业发展有机衔接,等等。与此同时,乡村振兴战略也指出了农村基层工作的重要性,强调自治、法治、德治相结合,并培养一支懂农业、爱农村、爱农民的"三农"工作队伍。另外,乡村振兴战略直面当前农业现代化发展、社会主义新农村建设和农民的教育科技文化发展存在的诸多突出问题,把乡村振兴战略作为党和国家的重要战略,统一思想,提高认识,明确目标,完善体制,搞好建设,加强领导和服务,不仅呼应了新时期全国城乡居民发展的新期待,还将引领农业现代化发展和社会主义新农村建设以及农民教育科技文化进步。③总之,乡村振兴战略将进一步助推乡村的发展,是破解我国"三农"问题的现代化路径与选择。

第二节 乡村振兴战略实施重点

一、乡村人才振兴

乡村振兴,人才是关键。长期以来,乡村的优质人才持续向城市流动,导致乡村人才总量不足,这是制约乡村发展的一个重要因素。如今,随着乡村的不断发展和一系列政策的提出,越来越多的人才开始流向乡村,但相较于乡村发展的巨大空间来说,乡村人才的总量仍旧处于一个不足的状态,所以乡村振兴战略的实施首先要着眼于人才振兴。

---

① 中共中央文献研究室.十八大以来重要文献选编(上)[M].北京:中央文献出版社,2014:108.
② 习近平.决胜全面建成小康社会夺取新时代中国特色社会主义伟大胜利——在中国共产党第十九次全国代表大会上的报告[M].北京:人民出版社,2017:32.
③ 秦中春.把握实施乡村振兴战略的重大意义和工作重点[N].中国经济时报,2017-11-15(1).

（一）乡村人才的概念与类别

1.乡村人才的概念

所谓乡村人才，从狭义的角度看，是指乡村本地的人力资源；而从广义的视角去讲，一切能够在乡村这一广阔天地大显身手、大施所能的人都应该包含在乡村人才的范畴内。本节所提的人才振兴中的人才指的是广义上的乡村人才，如返乡创业的大学生、城市下乡人才、大学生村官等都属于乡村振兴人才。

2.乡村人才的类别

乡村人才服务于乡村发展的各个领域，包括生产、经营、教育、卫生、文化、科技等。如果对服务于各个领域的人才进行进一步的划分，可将乡村人才分为五大类：一是经营型人才，指主要从事农业经营、农民合作组织等生产经营活动的劳动者，如农民专业合作社负责人、农村经纪人、农业生产服务人才等。二是生产型人才，指在农村种植、养殖、加工等领域的经营达到较大规模，且具有一定示范带动效应、帮助农民增收的业主或骨干技术人员，如人们常说的种植能手、养殖能手、加工能手等。三是技能型人才，即具有某方面的特长，或掌握有某种技能的实用型人才，如农村中常见的石匠、木匠、漆匠等手工业者。四是专业型人才，指从事农村医疗、农村教育等公共服务领域的专业技术人才，他们往往掌握专业性的知识与技能，如教师、医生。五是服务型人才，指在乡村文化、体育、社会保障等领域提供服务的人才，如维修技术人员、文化艺术工作者、实体店经营者或电商从业者。

（二）乡村人才振兴的措施

1.建设专业化的领导队伍

在乡村振兴中，专业化的领导队伍能够更好地带领广大的人民群众，所以建立专业化的领导队伍是乡村人才振兴的关键。在乡村专业化领导队伍建立的过程中，要在坚持基层党组织领导的基础上，完善人才吸纳的机制，拓宽人才吸纳的渠道，引导本土人才回乡，引导外地人才入乡，深入推进大学生村干部工作。当然，仅仅引导人才回乡、来乡远远不够，还需要把那些真正热爱乡村、了解乡村、有志于建设乡村的人才留下来，从而稳定农村基层领导队伍。

2.引导人才返乡、入乡创业

目前，很多高校在创新创业教育课程中增加了农村创业的相关内容，使很多大学生对农村创业有了一定程度的了解，也产生了到农村创业的想法，但由于多数大学生对于农村的实际情况并不是非常了解，所以很多大学生仅仅是将农村创业停留在了想法的层面而没有落实。基于此，各市、县、乡一级的政府要出台更为具体的政策,将本地区乡村发展的优势与前景通过多种渠道告知广大的学生,并对有意愿前来创业的学生进行积极的引导,从而使更多大学生农村创业的想法真正落实到实践之中。

3. 加强对村民的教育与培训

广大的村民在乡村振兴中发挥着极其重要的作用,他们是乡村振兴的主力军,虽然信息传播方式的多样化开阔了村民的视野,但很多村民在知识与技能的掌握上仍旧比较匮乏,所以要加强对村民的教育与培训,使村民整体的知识与技能水平得到提升。在知识教育上,可加强文化知识与法制知识的教育,让村民懂得基本的文化知识与法律常识;在技能培训上,除培训一些专业技能外,还可以开展一些与农业发展相关的新项目、新技术的培训,引导更多村民逐步走上现代化生产的道路。

二、乡村产业振兴

产业是经济发展的基础,没有产业支撑,经济的发展必然乏力,所以乡村产业振兴也是乡村振兴战略实施的一个重点。

(一)乡村产业的内涵与类别

1. 乡村产业的内涵

产业通常指由利益相互联系的、具有不同分工的各个相关行业所组成的业态总和。以我国目前发展的态势来看,我国产业基本均划分为三大类:第一产业、第二产业和第三产业。第一产业主要指生产食材以及其他一些生物材料的产业,包括种植业、林业、畜牧业、水产养殖业等直接以自然物为生产对象的产业(泛指农业);第二产业主要指加工制造产业(或指手工制作业),利用自然界和第一产业提供的基本材料进行加工处理;第三产业是指第一、第二产业以外的其他行业(现代服务业或商业),范围比较广泛,主要包括交通运输业、通信产业、商业、餐饮业、金融业、教育业、公共服务业等非物质生产部门。乡村作为国家组成的有机体,乡村产业自然也包含上述三大产业,只是与城市相比,在产业占比上有所不同,乡村产业中,第一产业的占比无疑最大。当然,随着乡村振兴战略的推进以及乡村新产业新业态模式的发展,乡村第一、第二、第三产业也开始出现融合发展的趋势,这使乡村产业的内涵变得愈加丰富。

2. 乡村产业的类别

乡村产业涵盖第一产业、第二产业和第三产业,其类别非常丰富,如果在基于三大产业的基础上对乡村产业的类别做进一步的划分,可将其划分为农产品加工业、手工业、建筑业、运输业和农村商业。

（1）农产品加工业。农产品加工业指对农林牧渔产品进行加工活动的生产部门，如食品加工、饮料制造、服装制造等都属于农产品加工业。传统的农产品加工业多依靠手工或简单的工具，但随着生物、化学相关学科的发展，瞬间高温杀菌、无菌贮存与包装、超高压、微生物发酵、超临界流体萃取等高新技术广泛应用到农产品加工业中，极大促进了农产品加工业的发展。

（2）手工业。手工业指通过手工或借助简单工具从事小规模生产的工业。手工业最初是与农业紧密联系在一起的，即农民将自己生产的农产品进行简单的加工，或自己制造一些用于农事活动的工具，用以满足自己的需求。经过第二次社会大分工，手工业才逐渐从农业中分离出来，形成了独立的个体手工业。如今，手工业在生产日用消费品、创作艺术珍品、满足人民的物质与文化生活需要、增加就业机会、促进国民经济发展等方面发挥着越来越重要的作用，其市场消费潜力也在不断释放，在未来，手工业将成为支撑乡村振兴的一个重要产业。

（3）建筑业。乡村建筑业指从事土木工程、房屋建设和设备安装等工作的生产部门，是乡村经济发展和产业结构调整的主要内容。在长期发展的过程中，乡村建筑业的发展经历了"泥瓦匠—建筑队—建筑企业"的历程，逐渐趋于规模化和专业化。与此同时，随着乡村第一、第二、第三产业的融合发展，乡村建筑业也逐渐从传统的住宅服务向乡村民宿、休闲旅游等综合服务性的模式转变，其内涵变得愈加丰富。

（4）运输业。乡村运输业包括物流与客运两个方面。乡村物流的出现并不晚，但由于种种客观条件的限制，乡村物流覆盖的范围非常有限。而随着农村电商、网络购物的兴起，在市场巨大的需求下，乡村物流快速发展，其覆盖的范围变得更加广泛。与物流相比，客运的重点在于人流，即将人从一个地方运送到另一个地方。随着乡村道路系统的不断完善，人流覆盖的范围也愈加广泛。

（5）农村商业。农村商业以广大的村民为消费主体，是释放村民消费欲望的重要场所，如农贸市场、超市、供销社。传统的农村商业具有讨价还价、信赖熟人、就近购买等特点，其最早的形式是古代社会的以物换物，货币出现后形成了以币换物的形式，并一直延续了数千年。如今，随着信息技术的不断发展，新技术、新理念催生了新的商业模式，农村电商便是其中最具代表性的一种商业模式。农村电商完善了农村市场体系，调整了农村产业结构，进一步释放了农村消费潜力，也增加了农民的收入，将成为实现乡村振兴的一个重要载体。

（二）乡村产业振兴的措施

1. 加快农业现代化建设的步伐

坚持质量兴农、品牌兴农，在加强耕地保护、健全粮食安全保障机制的前提下，进一步优化农业生产力空间布局，深入推动农业结构调整，夯实农业生产能力，提高农业科技创新及应用转化水平，加快培育特色优势产业、农业品牌，提升农产品价值；巩固和完善农村基本经营制度，构建家庭、集体、合作组织、企业等共同发展的新型农业经营体系，壮大家庭农场、农民专业合作社、农林产业化龙头企业等经营主体，发展适度规模经营；积极引导小农户生产进入现代农业发展体系，鼓励新型农业经营主体与小农户开展深度合作经营，加快完善多种形式的契约型、股权型等利益联结机制，创新融合模式，推动农村第一、第二、第三产业深度融合，探索多元化、混合型的现代农业发展道路。

2. 依托乡村传统产业发展非农产业

农业、手工业是乡村产业中的重要组成部分，具有浓郁的乡村特色，这些乡村特色是城市所不具备的。对于村民来说，生活在乡村的缘故使这些乡村特色在他们看来或许并不具有特色，但对于远离乡村的人以及其他地域的人来说，这些特色正是吸引他们的地方。因此，可以依托乡村传统产业发展非农产业，以此推动乡村产业的转型升级。比如，结合乡村旅游与乡村休闲的需求，打造一些特色项目，如休闲农庄、绿色基地、万亩桃花等。又如，结合人们对传统手工艺品喜好的需求，在打造特色手工商品品牌的基础上，通过直播的方式将关于手工艺品制作的一些内容传播出去，这样不仅可以进一步提升品牌效应，还可以借此吸引更多的人前来旅游，从而实现产业的融合发展。

3. 推进新产业的发展

随着乡村振兴战略的不断推进，乡村第一、第二、第三产业开始出现融合发展的趋势，新产业也不断涌现，这极大地促进了乡村的发展。在未来，随着技术、理念的不断革新，将会出现更多的新产业，为乡村的发展注入新的血液。面对新产业的出现，各级政府要以鼓励和支持的态度对待，积极推进新产业的发展。以当前正在发展的农村电商为例，为了推进其进一步的发展，政府部门可加大农村电商人才队伍建设，对农民、合作社人员加强技能培训，提高农民利用网络渠道销售农产品的能力。有条件的地区可以建立专业的电子商务人才培训基地和师资队伍，培养一批既懂理论又懂业务、会经营网店、能带头致富的复合型人才。

三、乡村文化振兴

广义的文化指对于经济、政治而言的精神活动及其产物，包含物质文化与非物质文化；狭义的文化则主要指非物质文化。此处所指的文化是狭义的文化，即非物质文化。物质是基础（上文提到的产业振兴便属于物质层面），文化是血脉，两者缺一不可，所以文化振兴同样是乡村振兴战略实施的一个重点。

（一）乡村文化的内涵

乡村文化由乡村居民在长期生产、生活中形成的生活习惯、心理特征和文化习性组成，是乡村居民的信仰、操守、爱好、风俗、观念、习惯、传统、礼节和行为方式的总和，主要包括农村精神文明、农耕文化和乡风文明。农村精神文明是社会主义精神文明的缩影，两者内涵相近，包含思想道德建设与科学文化建设两个方面。农耕文化主要反映与农业相关的文化，包括生产技术、耕作制度、渔猎思想等内容，如典型的梯田文化、养蚕文化、种茶文化等便属于农耕文化。乡风文明反映的是乡村居民的生活方式以及民风民俗，由于我国地域辽阔，所以乡风文明具有多样性的特点。要保护和发扬乡风文明，一个重要的内容就是保持我国乡风文明的多样性。总之，乡村文化的内涵非常丰富，除包含有普世性的精神文化外，还具有独特的文化特征，这些独特的文化是乡村文化振兴中需要重点关注的内容。

（二）乡村文化振兴的措施

1. 加强社会主义精神文明建设

社会主义精神文明建设包含科学文化建设与思想道德建设两个方面，科学文化建设是知识支柱，思想道德建设是精神支柱，两者紧密联系，缺一不可。

（1）科学文化建设。科学文化建设是精神文化建设中不可缺少的基本方面，它是物质文明建设以及思想道德建设的重要条件。相对于城市居民而言，乡村居民的知识文化水平较低，这在一定程度上限制了他们的思想和视野，从而直接或间接地影响了他们思想道德素养的提升。因此，在加强乡村社会主义精神文化建设的过程中，要将科学文化建设放在首位，促进乡村居民知识水平的提高，从而为村民的思想道德建设以及乡村的物质文明建设奠定坚实的基础。

（2）思想道德建设。思想道德建设是精神文明建设的灵魂，其基本任务是坚持爱国主义、集体主义、社会主义教育，加强社会公德、职业道德、家庭美德建设，引导人们树立建设中国特色社会主义的共同理想和正确的世界观、人生观、价值观。当然，对于乡村而言，由于少数村民还存在着落后的、愚昧的思想，所以乡村思想道德建设还应该包括消除小农思想、封建残余和旧风陋习等方面的内容，从整体上提升村民的思想道德素养。

2. 加强乡村文化基础设施建设

文化设施是开展文化建设、实现文化振兴的重要条件，没有必要的文化设施，广大村民的文化诉求就得不到充分的满足，文化活动的开展也将受到限制，进而影响乡村文化的振兴。因此，要加强乡村的文化基础设施建设。政府在对乡村发展进行规划的过程中，要将文化基础设施建设纳入总体规划中，并逐步落实本地文化设施建设的目标、任务和措施，同时在规划、建设、投资、土地等方面予以倾斜，推动农村基础文化设施建设。

3. 重视农耕文化和乡风文明的传承

无论是农耕文化还是乡村文明，都有其独特的魅力，这些文化需要我们传承和发展。比如，农耕文化中源远流长的农事活动，很多农事活动的兴起都是源自对自然的敬畏，是中华民族天人合一理念的一种体现，对于那些符合现代价值的农事活动（有些属于封建迷信，是愚昧落后的体现，这些应该剔除），我们应该传承和发扬，让更多的人感受到农耕文化的魅力，并在参与农事活动的过程中体会到古人流传下来的智慧。另外，农耕文化与乡村文明的传承要与新农村建设相结合，要与时俱进，要发展创新，赋予农耕文化新时代的特征，这样才能保证其融入时代发展的洪流，与时代发展融为一体。比如，依托当地的农耕文化和乡风文明打造特色文化产业乡村，发展具有乡村地域特色的传统手工艺品或文创产品，同步实现乡村文化的振兴以及经济的发展。

四、乡村生态振兴

生态美是乡村的底色，在实施乡村振兴的过程中，不能以牺牲乡村的生态美为代价。不可否认，在乡村长期发展的过程中，乡村的生态美遭受了不同程度的破坏，但自科学发展观、可持续发展理念提出之后，乡村生态问题受到了越来越多人的重视。如今，乡村振兴战略不仅将经济、文化的发展作为工作的重心，还将乡村的生态振兴作为一个重要的工作内容。

（一）乡村生态振兴的内涵

乡村生态振兴是一项系统的工程，既涉及自然生态系统的保护与修复，又涉及村民居住环境的治理，同时涉及农业的绿色发展，其内涵非常丰富。自然生态系统的保护与修复指在保护乡村现有生态系统的基础上，对已经被人类破坏的生态系统进行修复，从而增强乡村自然资源的生态、经济等多重价值。村民居住环境治理是以建设美丽宜居乡村为目标，着重治理影响村民居住环境的一些重点问题（如污水处理、垃圾处理等问题），并建立长效的管理机制，从而补齐乡村居民居住环境领域中的短板。农业绿色发展指通过新技术（如农业生物学技术、轮耕技术、营养物综合管理技术等）的应用，降低农业生产活动对生态环境的不良影响，从而在促进农业发展的同时实现对环境的保护。总之，乡村生态振兴是以可持续发展为理念，旨在实现生活、生产、生态的和谐统一。

（二）乡村生态振兴的措施

1. 积极推动农业绿色生产方式

在农业发展中，农业生产活动是必不可少的，而科学的农业生产方式能够将其对环境的破坏降到最低，从而增强农业可持续发展的能力。其实，2016年发布的《中共中央、国务院关于深入推进农业供给侧结构性改革加快培育农业农村发展新动能的若干意见》便明确指出了要推行绿色生产方式，并从四个方面给出了相关的建议，这些建议可以作为各地农业绿色生产方式推行措施的参考。第一，推进农业清洁生产，推行高效生态循环的种养模式，降低化学肥料的使用，增施有机肥。第二，大规模实施农业节水工程，针对农业种植中漫灌方式消耗大量水的问题，可以建设现代化的灌水设施，降低农业种植中水的消耗，做到节水不减产。第三，集中治理农业环境突出问题，针对农业土壤污染问题，加大治理力度，展开土地污染取样调查，制定土地污染防治方案，在扼制土地污染的基础上，使农业土地逐步得到修复。第四，加强重大生态工程建设，推进山水林田湖整体保护、系统修复、综合治理，加快构建国家生态安全屏障。

2. 加强乡村居民居住环境整治的力度

乡村居民居住环境的整治要以党员干部为领导，构建"点—线—面"的政治体系，即以村民居住的每一个庭院为点，以街道为线，以村庄为面，实现"点—线—面"立体式的整治模式。与此同时，充分发挥广大村民的力量，号召村民清理自己的房前屋后。针对公共区域，党员干部应起到牵头作用，成立一支环境整治工作小组，并号召村民积极加入，义务整理公共区域的环境卫生。总之，乡村居民居住环境整治不是口号，也不是面子工程，而是要以党员干部为领导，以广大的村民为主力军，共同携手打造美好家园。

3. 加强自然生态系统的保护与修复

要加强农村自然生态系统的保护与修复，首先要做好环保宣传工作，提高广大村民的环保意识。如今，信息传播的方式愈加多样化，这为环保宣传工作的开展提供了便利，尤其在乡村网络已经较为普及的今天，利用网络可以极大提高宣传的效率。其次,要加大资金扶持力度,自然生态系统的保护与修复是影响周期长、投资大的公益性事业,需要投入大量的人力和物力,如果没有一定的资金支撑,很容易半途而废。最后,要完善监督机制,一是监督资金的使用,要确保资金被充分地运用到自然生态系统的保护与修复中;二是对人的行为进行监督,防止任何人进行破坏自然生态系统的行为。

五、乡村组织振兴

(一)乡村组织的内涵

乡村组织是实施乡村振兴战略的基础单元,通常指基层党组织,但在强调协同共治的今天,乡村组织的内涵变得更加丰富,还包括基层自治组织以及一些活跃在乡村的社会团体。基层党组织居于核心领导地位,是乡村各个组织的领头羊;基层自治组织以及其他的社会团体居于辅助地位,协同基层党组织围绕乡村振兴战略开展工作。乡村组织是乡村治理的基础单元,是推动乡村振兴战略实施的重要力量,只有进一步加强乡村组织的振兴,才能为乡村振兴提供强大的组织保障。

(二)乡村组织振兴的措施

1. 加强乡村基层党组织建设

乡村基层党组织是群众的主心骨,也是乡村发展的"领头羊""指南针",因此要把农村基层党建工作摆在突出位置,以党建工作推动高质量发展和乡村振兴战略。这就需要不断地发挥党建的引领作用,把握好提升组织力这一重点,着重解决党建领域突出问题,聚焦中心工作和重点任务,有效促进基层党组织全面进步和全面过硬。

2. 进一步深化村民自治

乡村作为我国社会组织的有机单位,在加强乡村基层党组织建设,突出党政组织领导作用的同时,还需要发挥村民的自治能力,发挥村民委员会的自治作用。所谓村民自治,简而言之就是让广大的村民直接行使民主权利,依法办理自己的事情,是实行自我管理、自我教育、自我服务的一种社会政治制度,其核心内容是"四个民主",即民主选举、民主决策、民主管理、民主监督。乡村振兴战略关系到每一位村民,也需要每一位村民参与其中,从而发挥集体的力量,共同推动乡村振兴战略的实施。因此,在乡村基层党组织领导的基础上,还需要进一步深化村民自主,促使党民携手,共建美好乡村。

3. 鼓励社会团体的发展

社会团体在城市中较为多见,且在城市的发展建设中发挥了重要的作用。

相较于城市而言，乡村中的社会团体较少，原因是在很大程度上受客观条件的限制，但随着乡村经济结构的改变，乡村经济实现了快速的发展，而且随着高新技术在农业生产中的广泛应用，越来越多的村民从繁重的农业劳动解放出来，村民有了更多的时间去发展自己的兴趣爱好。在这样的背景下，乡村社会团体有了一定的基础进行发展，也获得了强大的生命力。例如，一些乡村建立了老年协会、体育协会等组织，有些组织虽然没有经过认证，只是村民口头上的组织，但也在乡村振兴中发挥着重要的作用，并逐渐成为展现农民精神风貌的一个窗口。

第三节 "三农"治理逻辑及其框架

一、乡村振兴战略下"三农"治理的逻辑

（一）乡村振兴战略下"三农"治理的核心要义体现在"战略"

乡村振兴战略是在对关系国计民生的"三农"这一根本问题进行系统研判之后提出来的，其核心要义体现在"战略"二字。所谓战略，是泛指指导或决定全局的策略。这说明乡村振兴战略不同于以往任何一个乡村发展政策，它是一个系统性、综合性、全局性的发展战略。具体可从战略思维、战略主体与战略内容三个方面进行解读。

1. 战略思维

战略思维指面对国家管理等实际问题，对于运用抽象思维所形成的若干个相关因素，连续地、动态地、全面地度量这些相关因素的数量变化程度，并找出这些相关因素在数量变化程度上相互影响、共同变化的规律性。乡村振兴战略是贯彻新发展理念的重大战略之一，是基于新思维、新理念、新思路的伟大战略，其战略思维可从以下两方面去解读。

其一，是从"农村"到"乡村"的系统发展思维。从名称来看，乡村振兴战略将农村的称谓改成了"乡村"，虽然只是一字之别，但却体现了乡村振兴工作的新思维。其实，在我国几千年发展的历史长河中，对农村的称谓一直是乡村，"农村"这一称谓是基于经济学的三次产业分类法，即将农村定位为以农业产业为主的经济单元，其核心在一个"农"字，因此形成了"农村"这一称谓。"乡村"这一称谓将农村的功能定位扩大了，不再将其局限在农业上。原因是乡村振兴战略着眼于乡村的整体振兴，虽然依旧重视农业发展，但在重

视农业发展的基础上,也强调第二、第三产业的发展,同时强调第一、第二、第三产业的融合。由此可见,虽然从"农村"到"乡村"仅仅是一字之别,但其蕴含的战略思维可见一斑。

其二,是从城乡统筹到城乡融合的城乡等值互补思维。"城乡统筹"与"城乡融合"是一词之别,其中也包含着乡村振兴的战略性思维。城乡统筹的目的在于充分发挥城市对农村的带动作用,从而实现城乡的协调发展。相对于乡村来说,城市发展处于领先地位,通过城市带动农村,其思维框架本没有问题,但在具体的实践中,城市一直以一种高高在上的态势统筹乡村,使城市与乡村处在一种不平等的关系中,其效果自然不是十分理想。而城乡融合旨在建立城市与乡村价值等值、功能互补基础上的良性互动关系,从而实现城乡的互补共赢、共生发展。

2. 战略主体

作为乡村振兴战略的提出者,以党中央为领导的各级党组织自然是这一战略的实施主体,这一点毋庸置疑。因此,在乡村振兴战略实施的过程中,要始终坚持党的领导和党的建设,充分发挥党组织总揽全局、协调各方的领导作用,防止出现群龙无首、一盘散沙的现象。当然,在新的历史时期,党组织在取得伟大成就的同时,也面临一些新的问题和挑战,需要继续深化改革和不断地探索真理,并不忘初心,才能在乡村振兴中发挥出更大的作用,从而加快乡村振兴的进程。

此外,乡村振兴依靠的是广大的人民群众,尤其是身处其中的广大村民,村民也是推进乡村振兴战略的重要主体。的确,党是人民的领导者,但人民才是历史的创造者,是决定着国家命运的根本力量,所以必须坚持人民主体地位,充分发挥广大人民群众的力量。党的十九大报告强调乡村治理体系是自治、法治、德治相结合的治理体系,在强调自治的基础上增加了法治与德治,内涵更加丰富。虽然该治理体系与党的十八大报告中提出的自治有所区别,但其核心仍然是围绕村民自治展开,始终强调村民的自主作用,突出村民的主体地位,这一点是毋庸置疑的。

综上所述,乡村振兴战略主体呈现出多元化的特征,这种多元化是人民当家作主的重要体现,既突出党组织的领导作用,又突出人民群众的自治作用,从而在协同共治中逐步实现乡村振兴。

3. 战略内容

乡村振兴战略的内容是全面的、立体的。党的十九大报告明确提出了"产业兴旺、生态宜居、乡风文明、治理有效、生活富裕"的20字总要求,习近平在中央农村工作会议上也提出了全面推进乡村振兴的思想。的确，乡村振兴战略涉及乡村发展的各个方面，不仅包含农业经济建设，还包括文化建设、生态建设等多个方面，具体可以归结为人才振兴、产业振兴、文化振兴、生态振兴和组织振兴五个领域，有关内容在本章第二节已有论述，在此便不再赘述。

（二）乡村振兴战略下"三农"治理的关键在"振兴"

乡村振兴战略的目的在于实现乡村的发展与兴盛，有效解决关系国计民生的"三农"问题。当然，实现乡村振兴并不是一件简单的事，需要从多个维度做出思考和决策。在笔者看来，我们可以从时间与空间两个维度对乡村振兴做出探究。

1. 时间维度

时间维度是将时间作为描述、表达变量的度量尺度。从时间维度上思考乡村振兴，需要我们以当前的时间点为坐标，追溯历史，面向未来。历史是一面镜子，从历史中我们可以照见自己的模样，无论是成功还是失败，那些过去的历史都能更好地指引我们前进，如果不能认真地对待历史，从历史中反思，便可能重蹈覆辙，所以对历史进行回顾与反思是必要的。当然，乡村振兴要站在新的历史起点上，宏观把握新的时代背景，全面、系统地分析当前时代背景下"三农"存在的问题，把解决好"三农"问题作为全党工作的重中之重，实施乡村振兴战略。此外，乡村振兴还要面向未来，要有明确的规划与目标，而不是盲目前行。在党的十九大之后，中央农村工作会议明确了实施乡村振兴战略的目标任务：①到2020年，乡村振兴取得重要进展，制度框架和政策体系基本形成；②到2035年，乡村振兴取得决定性进展，农业农村现代化基本实现；③到2050年，乡村全面振兴，农业强、农村美、农民富全面实现。

乡村振兴战略"三步走"的时间表是对乡村振兴的总体规划，是乡村振兴战略的指南针，指引着我们朝着正确的方向前进。

2. 空间维度

空间维度是地理现象的最基本特征，它是根据地理对象的实际分布特征以及地图表达的需要来确定的，包括0维、1维、2维、2.5维和3维。此处所指的空间维度主要指我们所生活的3维空间。对乡村振兴空间维度上的思考可分别从国内范畴与国际范畴两个角度展开。

首先，从国内空间范畴来看，需要考虑的第一个空间因素是地域差异。我国地域辽阔，东部与西部、沿海与内陆无论是在经济上，还是在文化上，都存在很大的差异，这些差异是不能忽视的。例如，沿海一些比较发达的地区具有较好的经济基础，可以将这些地区的乡村放在乡村振兴的第一步战略上；而内陆一些经济欠发达的地区，虽然随着脱贫攻坚的成功，这些地方越来越多的村民脱贫了，但地方经济仍旧比较落后，对于这些经济发展相对落后的乡村，切忌操之过急，可将其放在乡村振兴的第二步战略上。总之，面对乡村地域上的差异，要做到因地制宜。第二个要考虑的国内的空间因素是城乡差异，关于这一点，在前文已提及城乡融合的战略思维，即要寻求城市与乡村价值等值、功能互补基础上的良性互动，推动各种要素资源高质量双向流动，实现城乡的互补共赢、共生发展。

其次，从国际空间范畴来讲，虽然我国实施的乡村振兴战略是面向国内，但在全球化趋势不断加快的今天，乡村发展也逐渐成为全球治理体系中的一个有机组成部分。的确，乡村振兴不是孤立的，农业科技发展、产品对外贸易等都与国际发展相关联，如果在乡村振兴战略实施的过程中忽略了国际对乡村的作用，无疑会影响乡村振兴的进程。另外，国际上许多国家先后实施过类似乡村振兴的政策，虽然这些国家与我国的国情存在差异，但也有很多成功的经验和做法可以借鉴，这些他山之石自然可以为我们所用。

（三）乡村振兴战略下"三农"治理的靶向在"乡村"

乡村是我国重要的组成部分，虽然随着我国城镇化进程的不断加快，我国城镇的占比在逐渐增加，但乡村仍旧占有非常重要的地位，而"三农"问题依旧是关乎国计民生的根本性问题。乡村振兴战略的提出非但没有忽视"三农"问题，反而将对"三农"问题的重视又提到了一个新的高度，可谓是精准靶向乡村。关于这一点，从以下几点的剖析中可见一斑。

1. 乡村振兴战略的总体要求

乡村振兴战略的总体要求可归纳为20个字：产业兴旺、生态宜居、乡风文明、治理有效、生活富裕。与2005年社会主义新农村建设提出的总体要求相比，在内容表述上有很多不同，通过对比分析，我们可以进一步了解乡村振兴战略对乡村发展总体要求的内涵（见表1-1）。

表1-1　乡村振兴战略与社会主义新农村建设的总体要求对比

乡村振兴战略的总体要求	社会主义新农村建设的总体要求	两者总体要求的对比
产业兴旺	生产发展	生产是永恒的话题，但在不同的阶段和层次，其表述也不同，"发展"一般用于初级阶段，"兴旺"多用于较高层次，由此可见，"生产发展"到"产业兴旺"的转变体现的是层次的升级

续表

乡村振兴战略的总体要求	社会主义新农村建设的总体要求	两者总体要求的对比
生态宜居	村容整洁	村容整洁属于静态层面的概念，指的是乡村环境干净、整洁，但对于居住而言，整洁和干净是远远不够的；而生态宜居从静态层面上升到动态层面，不止关注乡村的干净、整洁，更关注乡村整体生态环境的建设，旨在给村民带去一种宜居感
乡风文明	乡风文明	乡风文明属于文化建设层面的内容，乡村文明建设是一个长期、系统的过程，需要长期坚持，所以其内容没有变动
治理有效	管理民主	治理有效依旧强调治理的民主性，这一点是不变的，不同的是，治理有效也同时强调管理的效果，旨在使乡村更加和谐、安定和有序。此外，"治理"与"管理"虽然只是一词之别，但却是管理理念的一次重大改革，是治理模式包括权力配置和行为方式的一种深刻转变
生活富裕	生活宽裕	经过十几年的经济发展，乡村经济实现了持续的增长，农民的收入也在不断增加。2020年，我国脱贫工作取得了巨大成果，脱贫攻坚战取得了全面胜利，广大农民的生活已逐渐达到宽裕的标准，所以富裕将成为新的要求与目标

2. 实现城乡的融合发展

乡村振兴指向乡村，但在具体的实施中并不能单纯依靠乡村的力量，而是要寻求城市与乡村的融合发展。党的十九大报告也明确指出，要建立健全城乡融合发展体制机制和政策体系。以往城乡统筹的理念虽然也指向乡村，但在实践中过于突出城市的统筹地位，所以导致城乡统筹反而倾向于城市，忽略了乡村。而城乡融合强调城市与乡村价值等值，使乡村的地位得以凸显，这是精准靶向乡村的体现。

二、乡村振兴战略下"三农"治理的框架

乡村振兴战略下"三农"治理的框架包含目标任务与推进路径。目标任务包含总体目标与具体目标，总体目标可分为三个阶段，即前文提到的乡村振兴战略"三步走"。具体目标则是乡村振兴战略的20字总要求：产业兴旺、生态宜居、乡风文明、治理有效、生活富裕。关于20字总要求，在前文已有论述，

在此便不再赘述。所以,本小节主要针对治理框架中的推进路径做具体阐述。

(一)"五个激活"的驱动路径

"五个激活"指激活市场、激活主体、激活要素、激活政策、激活组织,这"五个激活"是乡村振兴战略下"三农"治理的重要推进路径,主要通过深化改革来实现。

1. 激活市场

市场在乡村振兴中发挥着重要的作用,尤其在产业振兴中的作用更为突出,所以首先要激活市场。市场激活需要从两个方面着手:一是推进发挥市场机制作用与功能的改革,即以完善产权制度和要素市场化配置为重点,实现产权有效激励、要素自由流动、价格反应灵活、竞争公平有序、企业优胜劣汰。二是推进政府职能的转变,即改变政府干预过多的状况,给予市场一定的自由,以保证市场的作用有更多的发挥空间。就乡村振兴而言,市场需要充分发挥其作用,因为单纯依靠政府的投入,很难保证乡村发展的可持续性,所以激活市场是必要的。

2. 激活主体

激活主体是指激活市场中的经营主体,而市场不活,经营主体也一定不会活,所以激活主体的前提是激活市场。激活市场后,要想进一步激活主体,就要赋权于主体,给予主体更多的经营权利和财产权益。这就需要政府在产权制度与经营制度上做出一定的改革,使村民在市场竞争中拥有更多的权益,从而提高村民参与市场竞争的动力。

3. 激活要素

激活要素指激活劳动力、技术、资本等生产要素,这些生产要素能否被激活在很大程度上影响着市场要素能否被激活。的确,市场并不仅仅是画一块地那么简单,如果没有劳动力、技术、资本等这些生产要素,市场就是不完善的,所以还需要继续推进要素市场化配置改革,以激活劳动力、技术、资本等生产要素。

4. 激活政策

政策既具有指南针的作用,也具有提供保障的作用。以市场为例,宏观经济政策指引着市场发展的方向。但有一点需要注意,政策不能完全左右市场,而是要留有一定的空间,以便市场能够发挥其作用;与此同时,在市场失灵时,政府又能够通过一系列的政策干预市场,保障市场安全渡过失灵期,待市场有效时,政府再将权力交还给市场本身。因此,激活政策也是非常与必要的。

5.激活组织

一方面，组织本身便是主体，不同的组织代表着不同的主体；另一方面，组织也是一种制度，不同的组织代表着不同的组织制度安排。由此可见，组织的激活既涉及主体又涉及制度。以乡村为例，组织包含农户家庭组织、农业企业组织、农民合作组织等产业组织以及各种社会组织，虽然不同的组织类型涉及不同的主体与制度，但从宏观视角去看，组织的发展大同小异，所以组织的激活应从宏观组织制度的改革与创新着手。

（二）五位一体的协同路径

五位一体中的"五位"指政府主导、农民主体、企业引领、科技支撑、社会参与。乡村振兴是一项系统的工程，单纯地依靠某一主体、某一力量很难实现，需要多主体、多机制、多力量的介入与协同。

1.政府主导

政府是人民群众的主心骨和领路人，在乡村振兴战略实施中发挥着主导性的作用。具体而言，政府主导性的作用主要体现在指导与引导两个方面。所谓指导，从宏观的层面讲，指党中央针对乡村振兴战略的实施进行的顶层设计，以确保乡村振兴战略朝着正确的方向前进；从微观层面讲，指各级政府结合地方实际制定的具体方案与工作计划。引导是政府指导作用的进一步延伸，即在制定具体方案与工作计划的基础上，给予村民或村民组织一定的引导，包括政策引导、示范引导和投入引导。总之，政府主导这一点是毋庸置疑的，但从政府主导的现实效果来看，仍旧存在一些问题，这说明政府在主导工作的过程中仍需要进一步的优化和提升。

2.农民主体

虽然乡村振兴战略下"三农"治理以政府为主导，但广大的农民才是主体力量，而要充分发挥农民的主体力量，首先就需要确定农民的主体地位。我国的制度体系是人民当家作主，但由于历史因素的影响，很多农民对于这一点的认识并不深入，导致他们的主体责任感较为薄弱，所以要加强相关的宣传与教育，同时赋予农民更多的主体权利，让农民认识到自己不仅是家庭的一分子，还是乡村的一分子，更是国家的一分子，从而逐渐强化农民的自主意识与自治功能。此外，为了进一步发挥农民的主体作用，还要将农民组织起来，提高农民的组织化程度，优化农民主体结构。这样，才有助于实现农民从跟随者、旁观者到主体力量的转变，从而使每一位村民都成为乡村振兴战略下"三农"治理的重要力量。

3. 企业引领

企业引领是指各类企业应发挥其龙头引领的作用，具体体现在产业融合引领与小农引领上。在前文笔者提到了乡村第一、第二、第三产业融合的现状与趋势，但有些地区由于经济发展以及村民观念相对落后，村民依旧将大部分的精力放在第一产业相关的范畴中。面对这一情况，政府应鼓励企业发挥龙头引领作用，带领村民打破原有的产业结构，发展新型产业，并逐步促进产业的融合。而小农引领就是以企业为龙头，带领小农一起发展现代农业，改变以往小农单打独斗的形式，将众多的小农有机联合起来，从而促进小农效益的提高。

4. 科技支撑

科学技术是第一生产力，在任何时代都是如此，没有科技的支撑，社会发展的速度将是缓慢的。乡村振兴战略下"三农"治理的科技支撑就是充分发挥科学技术的力量。首先，对于农业的发展来说，要实现农业现代化，就必须要拓宽农业技术的范畴，建立现代农业技术体系。以新疆的棉花业为例，新疆棉花产量占全国棉花总产量的87.3%，其规模可想而知，如此大规模的棉花生产，没有非常高的机械化率是难以支撑的。比如，新疆阿克苏地区沙雅县种植有约200万亩（1亩=666.666666667平方米）的棉花，该县采取"企业+合作社+农户"的方式，进行规模化经营，大面积采用机械化管理，播种时使用卫星导航无人驾驶系统进行精量播种，相比传统播种方式，可节约50%的棉种，提高土地利用率3%以上。其次，产业的融合发展更离不开科技的支撑，尤其在互联网技术飞速发展的今天，互联网在产业融合中发挥的作用越来越凸显，虽然互联网技术的应用对于乡村发展来说既有机遇也有挑战，但只要正确地运用互联网技术，其利必然大于弊。

5. 社会参与

乡村振兴治理下的"三农"治理是一个社会性的问题，其影响的是社会中的每一个人，同时每一个人也都能够参与其中。由此可见，社会参与的力量不仅来自乡村自身，还来自城市社会。具体而言，社会参与的主要力量包括企事业单位、社会团体、民间组织与志愿者；社会参与的主要方式包括自主参与、合作参与、协同参与等；社会参与的主要内容包括创业参与、服务参与、援助参与、投资参与等。面对社会力量的参与，政府应予以鼓励和引导，建立和完善社会参与机制，并拓宽社会参与的渠道，从而在充分发挥社会力量的同时，吸引更多的社会力量参与进来。

(三) 三对关系的把控路径

乡村振兴战略下"三农"治理还需要把控乡村与城市的关系、人口与流动的关系、短期与长期的关系。

1. 乡村与城市关系的把控

在前文的阐述中,笔者就城市与乡村关系中的城乡统筹与城乡融合分别进行了论述,并指出了当前社会背景下城乡融合的优势和意义。对城市和乡村关系的把控就是要围绕城乡融合制订计划和开展工作,将城市与乡村放到一个对等的位置上,从而实现城乡的互补共赢、共生发展。

2. 人口与流动关系的把控

自改革开放以来,乡村人口向城市流动的脚步从未停止过,在流动的过程中,有几点表现得较为突出:中青年流向城市的多,老人和小孩流向城市的少;非迁移性的流动人口多,迁移性的流动人口较少。而这种流动的不彻底导致了乡村的空心化。乡村振兴的基础是人才振兴,没有足够的人才支撑,乡村振兴战略的实施也自然会受到影响,所以关于人口与流动关系的把控就是要处理好乡村人口与流动人口的关系。而要做到这一点,需要在引导和吸引本乡人才以及外地人才返乡、来乡就业创业的基础上,通过城乡一体化的发展,提高乡村对人才的吸引力,让更多的人在就业选择时将乡村作为选择之一,并减少乡村本地人口的外流,进而实现对乡村人口与流动关系的把控。

3. 短期与长期关系的把控

乡村振兴战略下的"三农"治理是一个长期、系统的工程,不可能毕其功于一役,所以不可操之过急,要有计划地稳步前进。其实,中央针对乡村振兴战略已经制定了"三步走"的计划,三个计划可依次分为短期、中期和长期,这一计划的制定便是对短期与长期关系把控的一种体现。而基于乡村振兴战略下的"三农"治理同样要在"三步走"计划的指导下把控好短期目标与长期目标的关系,通过一个个短期目标的实现,最终达到长远的目标。

基于上述针对乡村振兴战略下"三农"治理的目标任务与对推进路径的叙述,可将乡村振兴战略下"三农"治理的框架归纳为图1-1。

```
┌────────┐ ┌────────┐ ┌────────┐ ┌────────┐ ┌────────┐
│产业兴旺│ │生态宜居│ │治理有效│ │生活富裕│ │乡风文明│
└────────┘ └────────┘ └────────┘ └────────┘ └────────┘
       ↖       ↖       ↑       ↗       ↗
              ┌──────────────┐
              │   目标任务   │
              └──────────────┘
                     ↑
              ┌──────────────┐
              │三条路径同步实施│
              └──────────────┘
         ↗           ↑           ↖
┌──────────┐  ┌──────────┐  ┌──────────┐
│五个激活驱动│  │五位一体协同│  │三对关系把控│
│          │  │          │  │          │
│ 激活市场 │  │ 政府主导 │  │乡村与城市关系│
│ 激活主体 │  │ 农民主体 │  │人口与流动关系│
│ 激活要素 │  │ 企业引领 │  │短期与长期关系│
│ 激活政策 │  │ 科技支撑 │  │          │
│ 激活组织 │  │ 社会参与 │  │          │
└──────────┘  └──────────┘  └──────────┘
```

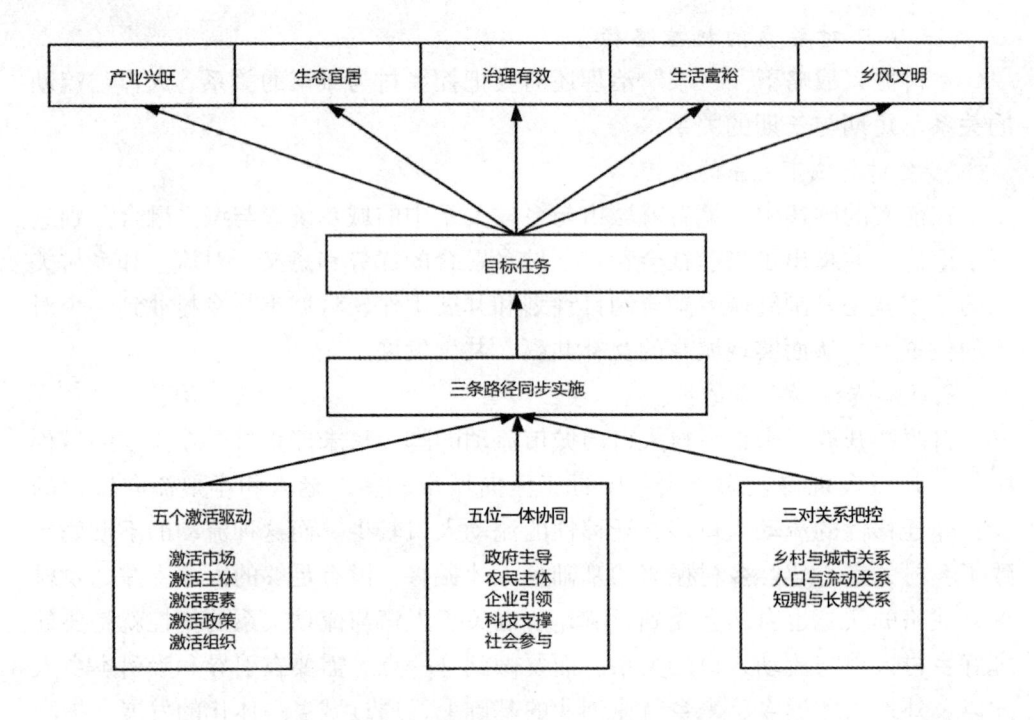

图 1-1　乡村振兴战略下"三农"治理的框架

第四节　开创新时代"三农"新格局

一、乡村振兴战略是开创新时代"三农"新格局的抓手

在前文笔者指出乡村振兴战略是破解"三农"问题的选择与路径，但只是就其背景进行的简要叙述。经过前几节对乡村振兴战略的进一步论述，我们对乡村振兴战略也有了更深一层的认识，所以在本小节中笔者将进一步论述乡村振兴战略为什么会成为新时代"三农"新格局的抓手。

（一）乡村振兴战略有助于农业现代化

我国是农业大国，农业发展的历史已经有几千年，农业技术始终在不断发展和革新。而如今，随着科学技术的逐步发展，农业现代化无疑是农业发展的方向。为此，党中央在十八大中提出了农业现代化的发展目标，这是"四化"（新型工业化、信息化、城镇化、农业现代化）发展目标之一，由此可见党中央对农业现代化发展的重视。农业现代化是一项长期工程,乡村振兴战略的提出对农业现代化具有非常积极的助推作用,具体体现在以下几点。

其一,乡村振兴战略重视农业的产业化。所谓产业化,简单来说就是同一属性的较为分散的组织集合到一起并形成一定的规模程度。具体到农业产业上,就是在地区龙头企业或者经济组织的领导下,将众多的小农个体集合到一起,然后在此基础上对传统的种植、经营方式进行变革,使农业生产过程的产前、产中、产后诸环节联结为一个完整的产业系统,从而提高农业生产的效率与效益。农业产业化是一个从量变到质变的过程,这是农业现代化的重要内容,也可以看作是实现农业现代化不可或缺的一个过程。农业产业化促进了农业规模经营的发展,而农业规模经营促进了农业先进技术的应用,从而助推了农业现代化的进程。

其二,乡村振兴战略重视农业的信息化。农业信息化是指利用现代信息技术和信息系统为农业产供销及相关的管理和服务提供有效的信息支持,以提高农业的综合生产力和经营管理的效率;就是在农业领域全面地发展和应用现代信息技术,使之渗透到农业生产、市场、消费以及农村社会、经济、技术等各个具体环节,加速传统农业改造,大幅度地提高农业生产效率和农业生产力水平,促进农业持续、稳定、高效的发展。如今已进入信息化时代,将信息技术应用到农业产业中是农业现代化的必然要求。乡村振兴战略对农业信息化建设的重视无疑能推动信息技术在农业生产、管理与经营等各个领域的应用,进而把农业发展推进到更好的阶段。

其三,乡村振兴战略重视农业的可持续发展。可持续发展是一种科学发展理念,是对人类全面发展和持续发展的高度概括,追求的是人与自然的和谐统一。从某种意义上来说,农业是人类改造自然的一种体现,在这一过程中,人类从最初的人定胜天到如今的人与自然和谐相处,改变的不仅仅是理念,还有农业技术。比如,在化肥农药的使用上,人们正在逐渐探索有机肥料和生物农业的使用,其目的就是降低农业生产活动对环境的影响。高产、优质是农业现代化发展的基础目标,维持一个良好的农业生态环境,合理地利用和保护自然环境,实现资源的永续利用,才是其根本目标。

(二)乡村振兴战略有助于乡村治理现代化

乡村治理是国家治理体系的组成部分,乡村治理的有效与否在很大程度上影响着国家治理的成效,所以各级政府对乡村治理一直都非常重视。作为国家治理体系的组成部分,我国的乡村治理虽然取得了一定的成绩,但离现代化的水平还有一定的距离,可谓是任重道远。而乡村振兴战略以乡村为发展主体,对促进乡村治理现代化具有深远的意义，具体体现在以下几点。

其一，乡村振兴战略重视生态宜居型乡村的建设。相较于城市而言，乡村具有生态美的特征，这是乡村居住条件中最大的优势。但由于很多乡村长时间采取粗放的发展方式，生态环境被破坏，土地资源、水资源、空气资源等受到污染，影响了乡村的生态美。因此，乡村振兴战略提出了生态宜居的建设目标，强调要树立绿色发展理念，构建集约化发展机制，并加大了对乡村生态环境的保护与修复，从而解决了一些乡村的生态环境问题。另外，乡村生态宜居环境的建设还需要在公共设施上发力，这是乡村发展的短板，因此需进一步加大乡村基础设施建设，加快乡村供气、供水、物流、网络等基础设施建设，补全乡村发展短板，推进生态宜居乡村的建设。

其二，乡村振兴战略重视乡风文明的建设。乡风文明是乡村的血脉与灵魂，保障了乡村的和谐稳定。其实，早在2005年社会主义新农村建设的总体要求便提出了乡风文明建设的目标，乡村振兴战略再次将其作为乡村建设的主要目标，无疑是对乡风文明建设目标的延续。就乡村管理而言，乡风文明属于软制度层面的内容，与硬制度不同，软制度注重从精神文化层面渗透，所起到的潜移默化作用是硬制度不能实现的。当然，乡风文明建设的最终目标是继承和发展乡村文化，乡村管理只是其间接作用的一种体现，但这种间接作用如果能够充分发挥，无疑也有助于推进乡村治理的现代化。

其三，乡村振兴战略重视乡村治理的有效性。对于乡村治理，有效才是最终目的，无效的治理无助于乡村的发展，所以乡村振兴战略将乡村治理落实到了有效性上。何谓有效？简单来说就是能实现预期目的、有效果。当然，乡村治理的有效性不仅强调结果，也强调方法，即注重自治、法治、德治的有机结合，这样才是真正有效的乡村治理。

（三）乡村振兴战略有助于疏解农民问题

农民问题是"三农"问题的核心，而农民问题归根到底是农民的收入问题。的确，美好生活是建立在一定的经济基础之上的，没有一定的经济支撑，自然容易衍生种种问题。而2017年党的十九大提出的乡村振兴战略更是将生活富裕作为一个战略目标，其目的就是要解决农民的收入问题。

首先，乡村振兴战略重视乡村产业的振兴，这是解决农民收入的抓手，因为只有乡村产业实现了发展，农民才能有更为稳定和持续的收入。《中共中央、国务院关于实施乡村振兴战略的意见》便明确提出：大力发展数字农业，实施智慧农业林业水利工程，推进物联网试验示范和遥感技术应用；实施休闲农业和乡村旅游精品工程，建设一批设施完备、功能多样的休闲观光园区、森林人家、康养基地、乡村民宿、特色小镇。对于很多农民来说，农业是主要产业之一，但当前这种粗放式的农业管理生产效率比较低下，带来的收入也相对较低，所以要推进农业产业升级，通过集约化的管理提高生产效率，提高农民的经济收入。另外，农业具有季节性的特点，这是导致农民收入不稳定的一个因素，所以在大力发展农业的基础上，还需要促进产业的融合发展，从而为农民带去更多的经济收入。

其次，乡村振兴战略重视脱贫地区的进一步发展。乡村振兴，摆脱贫困是重要前提，而摆脱贫困并不是最终目的，要使贫困地区在摆脱贫困的基础上实现进一步的发展。2020年，我国的脱贫攻坚取得了全面的胜利，中国人民彻底告别了绝对贫困。数据显示，中国贫困人口从2012年年底的9 899万人减少到2019年年底的551万人，连续7年每年减贫1 000万人以上；2020年，现行标准下农村贫困人口全部脱贫，832个贫困县全部摘帽，绝对贫困现象历史性消除。① 在摆脱绝对贫困的基础上，2021年3月，中共中央、国务院印发《关于实现巩固拓展脱贫攻坚成果同乡村振兴有效衔接的意见》，旨在促进脱贫地区经济的进一步发展。该文件针对脱贫地区的乡村振兴做了战略性的部署：到2025年，脱贫攻坚成果巩固拓展，乡村振兴全面推进，脱贫地区经济活力和发展后劲明显增强，乡村产业质量效益和竞争力进一步提高，农村基础设施和基本公共服务水平进一步提升，生态环境持续改善，美丽宜居乡村建设扎实推进，乡风文明建设取得显著进展，农村基层租住建设不断加强，农村低收入人口分类帮扶长效机制逐步完善，脱贫地区农民收入增速高于全国农民平均水平；到2035年，脱贫地区经济实力显著增强，乡村振兴取得重大进展，农村低收入人口生活水平显著提高，城乡差距进一步缩小，在促进全体人民共同富裕上取得了更为明显的实质性进展。

二、乡村振兴战略下开创新时代"三农"新格局的路径

（一）做好顶层设计，制定战略规划

乡村振兴战略下新时代"三农"新格局的开创并不像打开一扇门那样简单，这扇门的背后有很多需要我们思考的东西，而且我们此时站在一个新的历史阶段，面对着千年未曾出现过的变局，必须要做好顶层设计，科学制定战略规划。在进行顶层设计、战略规划制定时，首先要立足于国家整体战略的需求，因为乡村发展是国家发展的一部分，我们可以偏重于某一部分，但不能因

---

① 习近平.在全国脱贫攻坚总结表彰大会上的讲话[J].新长征(党建版),2021(4):4-11.

为部分而丢了整体，所以乡村发展规划的制定一定不能脱离国家发展的整体战略。另外，还要充分考虑乡村的实际情况，我国的地域非常广阔，农村的情况可谓是千差万别，要因地制宜，按照"五位一体"的要求，从产业发展、乡村布局、基础设施、土地利用和公共服务五方面进行统筹规划，画一张乡村发展的蓝图，并按照这张蓝图坚定不移地走下去。

（二）推进农业供给侧结构性改革

2015年12月24日至25日，中央农村工作会议首次提出农业供给侧结构性改革，其核心在于提高农业供给体系质量和效率，使农产品供给数量充足、品种和质量契合消费者需要，真正形成结构合理、保障有力的农产品有效供给。自农业供给侧结构性改革提出至今已5年有余，这5年的时间里改革取得了阶段性的成果，但仍需继续推进。而要深入推进农业供给侧结构性改革，可以从以下几点着手：第一，深入贯彻新的发展理念，让更多从事农业生产的人认识到，农业的发展是要提高农业的综合竞争力与综合效益；第二，优化农业的产业结构，依托农业发展新业态，如旅游农业，从而扩展农业的产业链；第三，推动农业科技创新，施行绿色生产方式，提高农业发展的可持续性。另外，作为一项长期的工程，要深入推进农业供给侧结构性改革，还需要处理好政府与市场之间的关系，即始终以市场为主导，政府只充当引导者的角色（特殊情况下，政府可暂时主导市场），充分发挥市场在资源配置中的作用；与此同时，强化政府规划引导、监督服务的作用，从而为乡村产业的发展营造良好的环境。

（三）全面深化农村土地改革

改革开放之初，农村土地迎来了一次重大的改革——家庭联产承包责任制，即将土地的所有权和承包经营权分割，所有权归集体所有，承包经营权归农户所有。这一改革极大地激发了农民从事农业生产的积极性，促进了农产品产量的提高，有效解决了农民温饱问题。现阶段的农村土地改革在顺应农民保留土地承包经营权意愿的基础上，将承包经营权划分为承包权和经营权，实行三权（所有权、承包权、经营权）分置并行，这是继家庭联产承包责任制之后农村土地的又一次重大的制度改革。农村土地的"三权分置"符合生产关系，适应生产力发展的客观规律，有助于土地产权关系进一步明晰，从而能够更好地维护农民集体、土地承包者和经营主体的权益。2019年的中央一号文件指出，要"进一步深化农村土地制度改革。在修改相关法律的基础上，完善配套制度，全面推开农村土地征收制度改革和农村集体经营性建设用地入市改革，加快建立城乡统一的建设用地市场"①。总之，农村土地改革的全面深化将持续为"三农"发展带来利好，同时也将对农民分享土地的增值收益、激活农村的土地资源要素带去更多的机遇。

（四）强化人才支撑

人才是乡村发展的重要基础，如果缺乏人才的支撑，新时代"三农"新格局这扇门即便被打开，也将由于后续动力的不足而不得不再次关闭。因此，在本章第二节乡村振兴战略实施重点的论述中，笔者将人才振兴放在了第一位，人才是开创新时代"三农"新格局的动力支撑。关于如何强化乡村发展的人才支撑，2018年的中央一号文件提出了五点具体的举措，具体可参见表1-2。

表1-2 强化人才支撑的五项举措

举措	具体内容
大力培育新型职业农民	全面建立职业农民制度，完善配套政策体系； 实施新型职业农民培育工程，支持新型职业农民通过弹性学制参加中高等农业职业教育； 创新培训机制，支持农民专业合作社、专业技术协会、龙头企业等主体承担培训
加强农村专业人才队伍建设	建立县域专业人才统筹使用制度，提高农村专业人才服务保障能力； 支持地方高等学校、职业院校综合利用教育培训资源，灵活设置专业（方向），创新人才培养模式，为乡村振兴培养专业化人才； 扶持培养一批农业职业经理人、经纪人、乡村工匠、文化能人、非遗传承人等
发挥科技人才支撑作用	全面建立高等院校、科研院所等事业单位专业技术人员到乡村和企业挂职、兼职和离岗创新创业制度； 深入实施农业科研杰出人才计划和杰出青年农业科学家项目
鼓励社会各界投身乡村建设	建立有效激励机制，以乡情乡愁为纽带，吸引各界人才通过下乡担任志愿者、投资兴业、包村包项目、行医办学、捐资捐物、法律服务等方式服务乡村振兴事业； 发挥工会、共青团、妇联、科协、残联等群团组织的优势和力量，支持农村产业发展、生态环境保护、乡风文明建设、农村弱势群体关爱等
创新乡村人才培育引进使用机制	建立自主培养与人才引进相结合，学历教育、技能培训、实践锻炼等多种方式并举的人力资源开发机制； 建立城乡、区域、校地之间人才培养合作与交流机制； 研究制定鼓励城市专业人才参与乡村振兴的政策

---

① 李伟民. 深化农村土地改革 助推乡村发展[EB/OL].(2019-02-28) [2021.1.15].http://www.xncsb.cn/newsf/119141.htm.

第二章　概念认知：农村电商

第一节　农村电商概念及特征

一、农村电商的相关概念

（一）农村电商

电商即电子商务的简称，其性质依旧属于商业运营，但与传统商业运营不同的是，电子商务是以网络技术手段为支持，在互联网这个开放的环境中，交易双方通过网络这一虚拟平台进行商务活动的一种模式。从电子商务的定义可知，电子商务离不开互联网这个平台，没有互联网，也便没有电子商务了。而农村电商简单来说就是在电子商务的概念上加上了"农村"这一定语，即其服务的地区为乡村。早期的农村电商主要指利用互联网、计算机、多媒体等现代信息技术，为从事涉农领域的生产经营主体，提供在网上完成产品或服务的销售、购买和电子支付等业务交易的过程。随着乡村振兴战略的实施，乡村取得了进一步的发展，第一、第二、第三产业融合的趋势明显变快，虽然农村电子商务的概念没变，但其内涵却更加丰富，涉及的领域也更加广泛，包括网上农贸市场、特色经济、数字农家乐、特色休闲旅游和招商引资等各个领域的内容。

（二）农村电商的可持续发展

电子商务产生伊始，很多人将目光投向了基础设施建设更为完善的城市，在城市中进行布局，也取得了很大的成功。而后，随着乡村基础设施建设的不断完善，一些人开始将目光转向乡村，做出了大胆的尝试，并取得了不错的成果。如今，农村电子商务不断发展壮大，农村电子商务平台配合乡村中密集的连锁网点，借助数字化、信息化的手段，通过市场化运作、集约化管理，促进各地区、各行业的联合，构筑紧凑而有序的商业联合体，从而扩大乡村商业的领域，降低乡村商业的成本，进而使农民成了电子商务平台最大的受益者。的确，电子商务在乡村发展中发挥着越来越重要的作用，政府对于乡村电子商务的重视程度也与日俱增，在近几年发布的政策文件中也多次指明了乡村电子商务发展的方向。

随着信息技术的不断发展和成熟,以互联网为依托的电子商务的发展前景越来越广阔,但电子商务的发展也存在着诸多的挑战,尤其是农村电子商务的发展,面临机遇的同时,也存在更多的挑战。其中,最值得关注的一个挑战就是如何保证乡村电子商务的健康、可持续发展。根据事物发展的普遍规律来看,一个事物如果发展过快,就很容易出现野蛮生长的态势,如同一棵疯狂生长的树木一般,表面看生长旺盛,但生长的枝条大多是不利于植株生长的疯枝,如果不加以约束和管理,任由疯枝蔓长,最后便会长成一株病态的植株。因此,面对乡村电子商务快速发展的态势,在鼓励和支持的基础上,如何更好地进行约束和管理,以保证其健康发展,是一个需要重视的问题。其实,就可持续发展最初的概念来看,可持续发展是一种从宏观视角提出的科学发展理念,包括经济的可持续发展、生态的可持续发展与社会的可持续发展三个方面。此处所指的可持续发展是一种狭义上的理解,是指农村电子商务能够健康、持续地发展,而只有更好地迎接挑战,解决问题,才能实现乡村电子商务的可持续发展,从而持续为乡村的发展提供助力。

二、农村电商的特征

农村电商归根到底还是电商的范畴,具有电商的基本特征,但农村电商加上了农村这一地域限制,所以农村所具有的一些特征使农村电商的本质发生了些许改变,并赋予了农村电商一些独有的特征。

(一)农村电商的基本特征

1. 全时性

传统的贸易模式受空间的限制,而互联网由于其高度的开放性,突破了传统交易的时空限制,减少了市场壁垒和市场扩展的障碍。当前的农村电子商务已实现了24小时不间断地向全球提供营销服务,极大地提高了成交的机会。

2. 互动性

通过互联网平台进行贸易和互动的双方并不会受到地域的限制,因为互联网平台可以为客户提供很多与商品有关的信息,客户可以非常全面地了解产品。与此同时,客户还可以结合自己的喜好,提出自己当前或未来的需求,而企业可以结合客户的需求分析市场未来的走向,从而在满足客户需求的基础上,更加准确地把握市场。

3. 整合性

互联网作为一个开放性的平台,它能够容纳非常多的内容,而基于互联网发展起来的电子商务平台同样具有这一特点,虽然受电子商务性质的约束,电子商务能够容纳的范围相对互联网小了很多，但就商务贸易而言，农村电商可以容纳农产品贸易中的诸多内容，如农产品推广、农产品促销、农产品信息等，并借助相关的平台将这些内容整合起来，从而大大提高交易双方交易的效率。

4.高效性

通过电子商务平台进行农产品的销售不会产生实体店面的租金，不仅减少了经营者的支出，还减少了农产品流通的环节，提高了效率。的确，实体店面需要先将农产品从农场运送到店面，而网上的店铺可以在交易达成后，直接将产品从农场运送到消费者手上，减少了从农场到实体店面的环节。另外，网店不受时间和空间的限制，消费者可以随时浏览和购买所需要的商品，这也促进了交易效率的提升。

（二）农村电商的独有特征

1.农村电商的创业主体呈现明显的年轻化

随着政府对农村电子商务支持力度的加大，越来越多的人加入了电子商务的阵营，其中不乏一些常年居住在乡村的农民，但相对而言，青年人的占比更高。与中老年人相比，青年人更愿意接触新鲜事物，也更容易接受新鲜事物，所以一些留在乡村发展的青年人看到电子商务的商机之后，便第一时间参与了进来，而一些迁移到城市的青年人在看到乡村电子商务具有的广阔前景后，也纷纷返乡从事电子商务创业。这些青年人已经成为农村电子商务的主要支柱。

2.农村电商市场前景呈现出巨大的广阔性

自2015年开始，农村电商踏上了快速发展的道路，商务大数据监测显示，2020年上半年农村网络零售额达7 668.5亿元，占全国网络零售额的14.9%，零售额较去年同期增长5.0%。在促进乡村发展，推动农民脱贫上，农村电商发挥了重要的作用。但从农村网络零售额的占比（14.9%）来看，农村电商仍旧具有巨大的市场潜力。随着农民意识观念的不断转变，以及乡村基础设施的不断完善，这些巨大的市场潜力将会逐步被释放出来，从而进一步推动农村电商的发展。

3.农村电商呈现出产业的再造性与融合性

所谓产业的再造性，是指在原有产业的基础上进行进一步的加工与改造。电子商务已渗透到农村传统产业中（包括农业与手工业），但由于乡村的传统产业存在标准化程度低的问题，这在一定程度上影响了产品的销售，所以有时需要对农产品或手工产品进行进一步的加工和改造。当然，由于手工产品注重其原生态性，所以对手工产品的加工和改造并不是针对手工产品本身，而是寻求手工产品与其他产品的融合。产业的融合性主要指第一、第二、第三产业的融合，关于这一点笔者在前文曾多次提及，这是乡村商业发展的趋势，而电子商务的出现无疑加速了乡村产业融合的速度。

第二节 农村电商的发展背景

一、国家政策的支持

基于对农村电子商务广阔前景及其重要性的认识，自 2015 年开始，国家出台了一系列的支持政策，这些政策在中央一号文件中都有体现（见表 2-1）。另外，除在中央一号文件中有体现外，中央及各部门还发布了很多针对农村电子商务的政策文件（见表 2-2）。

表 2-1 中央一号文件中有关农村电子商务发展的相关政策

年 份	中央一号文件中有关农村电子商务发展的相关政策
2015	支持电商、物流、商贸、金融等企业参与涉及电子商务平台建设；开展电子商务进农村综合示范
2016	鼓励大型电商平台企业开展农村电商服务，支持地方和行业健全农村电商服务体系；深入开展电子商务进农村综合示范
2017	加快建立健全适应农产品电商发展的标准体系；支持农产品电商平台和乡村电商服务站点建设；全面实施信息进村入户工程；推进"互联网＋"现代农业行动
2018	大力建设具有广泛性的促进农村电子商务发展的基础设施，鼓励支持各类市场主体创新发展基于互联网的新型农业产业模式，深入实施电子商务进农村综合示范
2019	实施"互联网＋"农产品出村进城工程；完善县乡村物流基础设施网络，支持产地建设农产品贮藏保鲜、分级包装等设施，鼓励企业在县乡和具备条件的村建立物流配送网点；加强农产品物流骨干网络和冷链物流体系建设
2020	有效开发农村市场，扩大电子商务进农村覆盖面，支持供销合作社、邮政快递企业等延伸乡村物流服务网络，加强村级电商服务站点建设，推动农产品进城、工业品下乡双向流通
2021	加快完善县乡村三级农村物流体系，深入推进电子商务进农村和农产品出村进城，推动城乡生产与消费有效对接。加快实施农产品仓储保鲜冷链物流设施建设工程，推进田头小型仓储保鲜冷链设施、产地低温直销配送中心、国家骨干冷链物流基地建设

表 2-2　中央和各部门发布的针对性政策文件

发布时间	发布部门	政策名称
2015.11	国务院	《关于促进农村电子商务加快发展的指导意见》
2017.08	商务部、农业部（现为农业农村部）	《关于深化农商协作大力发展农产品电子商务的通知》
2018.05	财政部、商务部、国务院扶贫办	《关于开展2018年电子商务进农村综合示范工作的通知》
2019.05	财政部、商务部、国务院扶贫办	《关于开展2019年电子商务进农村综合示范工作的通知》
2019.12	农业农村部、国家发展改革委、财政部、商务部	《关于实施"互联网＋"农产品出村进城工程的指导意见》
2020.05	农业农村部	《"互联网＋"农产品出村进城工程试点工作方案》
2020.06	财政部、商务部、国务院扶贫办	《关于做好2020年电子商务进农村综合示范工作的通知》

通过国家一系列政策的激励和扶持，农村电商获得了快速的发展，推动了农村经济的发展。其一，电商让农民农产品的销售变得更加快捷，不再因为地理位置的限制而无人问津，不论什么类型的农产品，通过电商平台，都可以迅速地走向四面八方。其二，电商的兴起大力推动了农产品的流动，扩宽了农业经济发展的空间，这有助于吸引更多的人才到农村发展。其三，电商在农村的兴起为农村的扶贫兴农提供了新的发展思路，互联网的普及带动了电商的发展，扶贫兴农在电商的介入下会超前发展，"人人是电商，人人是消费者"的这种互为依存的商业模式推动了整个经济的良性循环，使落后地区在脱贫致富的路上事半功倍。在未来，农村电商仍旧是促进乡村发展的一个重要载体，在相关政策上国家依旧会给予一定的支持，从而使电商成为助力乡村发展的一双翅膀。

二、网络基础设施的建设与移动电子设备的普及

随着电子商务的不断发展，一些有想法、思想比较前卫的农民也想尝试电子商务，但由于乡村的网络基础设施建设相对落后，农村电子商务的发展受到了限制。近些年，我国乡村的网络基础设施建设明显加快，越来越多的农民也开始尝试接触互联网。截至2020年12月，我国网民规模为9.89亿人，其中，

农村网民规模为 3.09 亿人；农村地区互联网普及率为 55.9%；在网络覆盖方面，贫困地区通信"最后一公里"被打通，截至 2020 年 11 月，贫困村通光纤比例达 98%。① 此外，在乡村网络基础设施不断建设的同时，固定宽带网络的下载速度也在逐年提升，这大大提高了农民上网的效率，进一步促进了农村电商的发展。

电子商务发展之初，依靠的终端设施是电脑，人们利用电脑完成网上交易。相比于线下实体店交易，依靠电脑完成的线上交易摆脱了空间上的诸多限制，但电脑体积较大、对固定宽带依赖较大的特点也在一定程度上限制了人们的活动空间。简单来说，我们可以把电脑比作一个商场，在这个商场中我们可以买东西或卖东西，甚至可以随时进行商场与商场的切换，不受任何空间因素的限制，但由于电脑的体积较大、对固定宽带依赖较大，所以我们不能带着这个商场随时随意地移动。这一限制随着智能手机、平板电脑等智能移动设备的出现被极大减弱了，尤其智能手机的普及使人们能够随时随地地完成网上交易。

介绍完上述背景，让我们回到电子商务的概念：电子商务是以网络技术手段为支持，在互联网这个开放的环境中，交易双方通过网络这一虚拟平台进行商务活动的一种模式。由此可知，电子商务的发展是以网络信息技术为支撑的，如果没有网络基础设施建设，电子商务就将成为空中楼阁，没有落脚的基础；而没有智能移动设备，尤其是没有智能手机，电子商务也难以连接到每一个人。因此，乡村网络基础设施的建设以及智能手机的普及是促进农村电商快速发展的重要基础，并且在这一基础的支撑下，农村电商将会迎来更加快速的发展。

三、互联网赋能乡村商业生态系统

所谓商业生态系统，是指以组织和个人（商业世界中的有机体）的相互作用为基础的经济联合体，是供应商、生产商、销售商、市场中介、投资商、政府、消费者等以生产商品和提供服务为中心组成的群体。它们在一个商业生态系统中担当着不同的功能，各司其职，但又形成互赖、互依、共生的生态系统。在这一商业生态系统中，虽有不同的利益驱动，但身在其中的组织和个人互利共存，资源共享，注重社会、经济、环境综合效益，共同维持系统的延续

---

① 中国互联网络信息中心. CNNIC 发布第 47 次《中国互联网络发展状况统计报告》[R/OL].（2021-02-03）[2021-02-15].http://cnnic.cn/gywm/xwzx/rdxw/20172017_7084/202102/t20210203_71364.htm.

和发展。① 商业生态系统的概念是从自然生态系统的概念引申而来，所以也自然和自然生态系统一样，系统中的每一个环节都是重要的组成部分，任何一个环节出现问题，都会影响整个商业生态系统的稳定和平衡，并最终损害该系统中每一位参与者的利益。

当然，商业生态系统的稳定和平衡不是静态的，而是动态的，即在一个区间内波动，只要没有超过阈值，便可以认为是一种相对稳定和平衡的状态。农村商业生态系统也是如此，一直在一个相对稳定和平衡的状态下发展。互联网的出现使原有的乡村生态系统出现了新的环节，这就好似一个自然生态系统中突然出现了一种新的生物一般，导致原有的生态系统出现了波动，但这个新的物种很快便与原生态系统形成了新的稳定与平衡的局面，并促进了原生态系统的繁荣。之所以出现了这样的现象，是因为互联网为乡村原有的商业生态系统注入了新的血液与活力，即赋能，具体体现在以下两个方面。

其一，互联网的出现为乡村商业的发展提供了一个平台，乡村生态系统中的组织和个人都可以利用这个平台发挥更大的作用。比如，农民作为产品的生产商和供应商，可以足不出户便将产品销往全国，这极大地拓宽了农民产品销售的地域范畴，并且有些平台也匹配了相应的物流服务，在一定程度上解决了产品的发货问题，使农民没有过多的后顾之忧。又如，政府作为乡村商业生态系统中的领导者和协调者，在利用互联网平台发布一些政策的同时，也可以建设一些电子商务公共服务平台，其功能应包括整合资源，构建培训、物流、农村服务站、农村产品营销和供应链体系，解决理念、创业培训、农产品销售、O2O农村消费等问题，提供公共仓储、代发货等基础服务，让有意参与农村电子商务发展的企业、农户等市场主体能在公共服务平台找到所需的服务。目前，全国多个省、市已经开展了电子商务公共服务平台建设，如山东省电子商务公共服务平台（如图2-1所示）。河南省虽然目前还没有单独建设电子商务公共服务平台，但于2014年启动了河南省商务公共服务云平台的建设工作，电子商务公共服务有关的内容被包含在这一平台中（如图2-2所示）。

---

① 中国互联网络信息中心. CNNIC发布第47次《中国互联网络发展状况统计报告》[R/OL]. (2021-02-03) [2021-02-15]. http://cnnic.cn/gywm/xwzx/rdxw/20172017_7084/202102/t20210203_71364.htm.

第二章　概念认知：农村电商

图 2-1　山东省电子商务公共服务平台

图 2-2　河南省商务公共服务云平台

其二，随着互联网的发展，大数据、云计算等技术逐渐被应用到电子商务中，为乡村电子商务的发展再添助力。相较于传统的销售模式来说，电子商务的一个特点就是大量的电子数据,这些数据具有非常大的商业价值,因为随着电子商务的发展,商品的种类和数量等信息越来越多,这些信息有用户需要的,也有用户不需要的,而基于云计算的大数据处理能够为客户提供比较全面、强大的信息检索功能,结合用户的个体差异和需求等特点,对海量数据进行搜索,从而提高搜索的准确率。此外,物流作为电子商务中的一个重要环节,物流效率的高低也在很大程度上影响着电子商务的发展。电子商务时代,每天都会产生海量的物流数据,如仓库的出入库及在库数据、运输工具的运输轨迹、配送中心的货物流转情况数据等,如果这些数据处理不好,物流的效率就会比较缓慢,而基于云计算的大数据处理可以更加有效地处理这些数据,从而提高物流效率。关于这一点,相信每一个参与过网络购物的人都深有体会,近些年物流速度确实提高了很多,"24小时送达"已经不再是想法,而已成为现实。

"赋能",这是互联网时代出现频率非常高的一个词语,其基本的释义是赋予了什么样的能力。随着互联网的出现和发展,互联网赋予了乡村商业生态系统更多的能力,催生了农村电商的产生和发展,而随着互联网的进一步发展和成熟,一些更加先进的信息技术也必将在电子商务中更加普遍地得到应用,从而助力农村电商更上一层楼。

第三节 农村电商的发展历程

一、农村电商发展的萌芽阶段(1994—2004年)

20世纪90年代是我国计划经济转型的时期。1994年12月,政府提出了"金农工程",旨在推进农业和农村的信息化建设,建立"农业综合管理和服务信息系统"。其主要任务包括四点:一是网络的控制管理和信息交换服务,包括与其他涉农系统的信息交换与共享;二是建立和维护国家级农业数据库群及其应用系统;三是协调制定统一的信息采集、发布的标准规范,对区域中心、行业中心实施技术指导和管理;四是组织农业现代化信息服务及促进各类计算机应用系统,如专家系统、地理信息系统、卫星遥感信息系统的开发和应用。在"金农工程"提出之后,郑州交易所成立了集诚现货网,这一事件拉开了我国农村电商的序幕。

该阶段农村电商的发展主要以政府为主导,政府投入了大量的资金进行相关基础设施的建设。到"十五"末（2005年），"村村通电话工程"取得了阶段性成果，累计投资159亿元，使5.28万个行政村新开通电话，有11个省市实现了所有行政村通电话。交通方面，"十五"期间实施了大规模农村公路建设，实现了99.9%的乡镇、96%的建制村通公路，分别比2000年提高了0.7和5.2个百分点。2005年第八届中国国家电子商务大会的数据显示，在2005年全国共有农村电子商务网站2 000多个，涉农网站6 000多个，取得了初步的成果。

但总体而言，该阶段的核心业务主要依托官方平台开展信息服务，应用程序大多处于初级水平，效果不佳，除了一些大宗交易，如粮食、棉花可以实现在线上完成，在绝大多数农村，尤其以农民为主体的交易行为并不能在线上完成。可以说，农村电子商务发展的前十年一直处在一种缓慢前行的状态，这是新事物发展初期普遍存在的现象。

二、农村电商发展的破冰阶段（2005—2014年）

2005年被广泛认为是我国农村电子商务发展的元年，因为当年"易果生鲜"上线，这是我国第一个农产品网络零售商，其商品供应的目标群体是城市中的中高收入家庭，为他们提供进口水果。在农村电子商务发展的前十年，交易主要为粮食、棉花等大宗交易，电子商务的作用主要体现在信息服务上，而"易果生鲜"的上线标志着电子商务的功能开始从信息服务向交易服务转变。与此同时，在我国东部沿海地区的一些农村里，一些思想前卫的村民开始开办自己的网点，并取得了成功，实现了增收。这些首先尝试开网店的村民在实现增收的同时，也产生了示范效应，带动了更多的村民加入电商的阵营中，形成了快速生长的势头。政府为了鼓励农村电商的发展，在动力机制上也做出了改革，赋予了农民一定的权利，使电商市场从原来的政府主导转变为多元主体驱动的局面。

自2005年农村电商出现变革之后，农村商业生态系统出现了四个"新"：一是交易模式新，即从线下交易转移为线上交易的电商模式；二是交易主体新，即农民成为交易活动的主体；三是交易理念新，即直接面向和对接广域大市场；四是市场生态新，即聚集了网商、服务商、制造商等各类市场生态元素的载体，淘宝村是这种农村新的市场生态最典型的呈现。

在农村电子商务出现变革的同时，国家对于农村现代化建设的关注以及投入也在持续增加。党中央从2004年开始，每年都会下发以"三农"为主题的一号文件，指引农村现代化发展的方向。其中，信息化是农村现代化的重要组成部分，有关部门先后出台了旨在提升农村信息化水平的系列政策并给予配套资金支持，该阶段农村信息基础设施实现了快速发展。"十五"的工作重点是实现95%以上行政村通电话，而"十一五"在"村村通电话"的基础上提出了乡乡能上网的目标任务，"十一五"末，99%的乡镇和80%的行政村已具备宽带接入能力，这些都为农村地区电子商务的发展提供了良好支撑。另外，农产品物流体系的建设也在同步展开。自2004年中央一号文件提出改善农产品流通环境后，中央各部委发布了一系列文件，涵盖政策支持、资金支持，降低农产品物流行业税费，全面建设"生产—流通—销售"的农产品物流体系。2012年我国农产品物流总额已达到3.03万亿元，同比增长4.5%，农产品物流初具规模。我国的农产品流通体制已经从计划经济模式向市场经济模式发展，并随着我国整体经济体制市场化改革的深入，市场化程度不断提高。

当然，在这一阶段的发展中也出现了一些问题，这些问题之所以是带引号的，是因为属于阶段性的、发展中的问题。一是针对性的政策支持较少，即政府支持农村、农业发展的政策较多，虽然也鼓励电子商务的发展，但专门针对农村电子商务发展的针对性政策较少。二是在市场多元主导的情况下，政府与以农民为代表的主体没有形成合力，两种形式共同存在于农村电子商务中，虽然两者之间也存在很多的交集，但多数情况下他们是在各自的思维框架下生存和发展，这在一定程度上限制了农村电子商务的发展，即导致了1+1<2的后果。三是覆盖的范围不广，虽然在这十年的发展历程中，农村电商进入了一个比较快速的发展轨道，但基层农村电子商务所覆盖的乡村以及可依托的平台依旧不是很多。四是一些困境仍旧没有得到很好的解决，如物流、电商人才、资金等仍然制约着农村电商的进一步发展。

三、农村电商发展的腾飞阶段（2015年至今）

2015年，国务院办公厅印发的《关于促进农村电子商务加快发展的指导意见》明确指出，要深化农村流通体制改革，创新农村商业模式，培育和壮大农村电子商务市场主体，加强基础设施建设，完善政策环境，加快发展线上线下融合、覆盖全程、综合配套、安全高效、便捷实惠的现代农村商品流通和服务网络，同时指出了促进农村电子商务发展的七项政策措施：①加强政策扶持；②鼓励和支持开拓创新；③大力培养农村电商人才；④加快完善农村物流体系；⑤加强农村基础设施建设；⑥加大金融支持力度；⑦营造规范有序的市场环境。自此之后，国家频繁出台了一系列有关支持农村电子商务发展的政策，具体可参见本章第二节内容。从对政府政策的分析可知，政策对乡村电子商务的宏观规划和指导不局限于交易本身，而是围绕体系建设展开。比如在2021年最新出台的一号文件中便明确指出："加快完善县乡村三级农村物流体系，改造提升农村寄递物流基础设施，深入推进电子商务进农村和农产品出村进城，推动城乡生产与消费有效对接。促进农村居民耐用消费品更新换代。加快实施农产品仓储保鲜冷链物流设施建设工程，推进田头小型仓储保鲜冷链设施、产地低温直销配送中心、国家骨干冷链物流基地建设。"①

政府一系列相关政策的出台极大促进了乡村电子商务的发展。商务大数据监测显示，2020年上半年全国农村网络零售额达7 668.5亿元，占全国网络零售额的14.9%，较去年同期增长5.0%。其中，农村实物网络零售额达6 999.0亿元，同比增长7.3%，占农村网络零售额的91.3%；全国农产品网络零售额达1 937.7亿元，同比增长39.7%，占全国网络零售额的4.6%（如图2-3所示）。

图2-3 2014—2020上半年农村物流零售额

数据图表来源：《中国农村电子商务发展报告（2019—2020）》。

另外，农村电子商务在快速发展的同时，也助力了乡村扶贫的工作。截至2020年上半年，农村电子商务已累计支持了1 180个示范县，实现了对全国832个国家级贫困县的全覆盖。国家级贫困县网络零售额684.8亿元，同比增速为13.3%，比全国农村网络零售额增速高8.3个百分点。商务部积极推进"市

---

① 中共中央 国务院关于全面推进乡村振兴加快农业农村现代化的意见[J].中华人民共和国国务院公报,2021(7):14-21.

场化与公益性有机结合"的电商扶贫模式,通过整合社会公益性资源,帮助贫困地区挖掘特色产品,从人员培训到样本检测,全流程资助"三品一标"认证,打造农产品品牌,增加产品附加值;截至2019年年末,对14个省市贫困地区的533家企业进行了农产品"三品一标"认证培训,资助了120家企业获得认证;组织指导电商扶贫联盟对接帮扶及销售贫困地区农产品超过28亿元,覆盖22个省(市、自治区)478个贫困县842家企业,带动8万户农户受益。

总体而言,自2015年至今,农村电子商务处于一种快速发展的状态,如今已进入规模化、专业化的转型升级阶段,全国各地的电商县、电商镇、电商村越来越多。据阿里研究院统计,截至2020年6月底,全国已有淘宝镇1 756个、淘宝村5 425个,而2014年时符合条件的淘宝镇仅有19个。电子商务对各地产业的直接和间接促进作用愈发明显,并已经形成产业集聚发展态势,与此同时,其对乡村的发展也发挥着越来越重要的作用。以山东菏泽曹县为例,该县贫困人口数量排名全省第一,工业基础非常薄弱,但通过发展电子商务,该县如今已经成为全国最大的演出服饰产业基地和全球最大的木制品跨境电商基地,2019年时,该县淘宝村发展到124个,电商销售额接近200亿元,取得了非常显著的效果,电子商务使该县摘掉了贫困的帽子。

第四节 农村电商的商业机遇

农村电商的商业发展机遇可以从宏观和微观两个层面去分析和解读,宏观层面的商业机遇主要体现为当前的社会背景,关于这一点在本章的第二节已有详细的论述,所以在本节中仅从微观层面,即更具体的层面阐述农村电商发展的商业机遇。具体而言,农村电商的商业机遇包含农村代购、乡村旅游电商、直播带货三个方面。

一、农村代购

(一)农村代购的模式

所谓代购,简单来说就是代理购买,即找人帮忙购买自己所需要的产品。代购的原因很多,可能是当地买不到该类商品,也可能是当地的价格比其他地区的高,还有可能是为了节省时间成本。提起代购,很多人对于海外代购想必并不陌生,海外代购产生的一个重要原因就是同一商品海外的价格上低于国内购买所需的价格。与海外代购不同,农村代购的产生与价格无关,主要与农村当前的人口结构模式有关。近些年，农村经济发展取得了不错的成果，人们的生活变得更加富足，对生活的追求也相应地提高了，但受农村自身条件的限制，农村能够提供的商品比较有限，已经不能满足人们多样化的需求，而电商平台可以提供给人们所需要的任何产品。但是，由于农村中的很多青壮年以及有文化的人都迁移到了城市中发展，剩下的很多老人虽然也配备了智能手机，但会使用手机购物的人却很少，相应地，农村代购应运而生，即会使用网络购物的人在搜集本地用户需求的基础上，集中向各大电商平台下单。

除了上一种代购模式，还产生了一种逆向的代购模式，即网店从农民手中购买产品，然后通过电商平台向外销售。虽然近些年农村电商实现了快速发展，但很多农民对电商的了解仍旧非常有限，其农产品的销售仍旧是依靠传统的渠道，传统的销售渠道相对来说更为便捷，但产品收购的价格较低，农民从中得到的利润也就较少。而在新兴的代购模式中，网店是产品收购商，因为网店面向的是广大的用户，他们追求的是产品的品质，以便打造颇具影响力的品牌，所以只要产品在品质上满足要求，便可以给出较高的收购价格，这样农民便可以从中获得更多的利润。

（二）农村代购的创业方法

对于传统的代购模式，创业方法有两种：一种是借助现有的平台，如阿里、京东等平台，这些平台发展得比较成熟，具有比较成熟的服务体系和管理体系，借助这些平台可以省去很多烦琐的工作，但这些平台具有一定的门槛，如果要入驻这些平台，需要向平台提交申请，且需要审核。还有一种是自主创业的模式，即创业者在对本村或周围几个村用户的需求进行了解的基础上进行统筹的安排，然后集中向一些大的平台下单，因为这种模式对产品的需求量较大，所以可以与平台进行协商，争取一个比较优惠的价格，从而为村民以及自己争取更多的利益。

至于新兴的逆向代购模式，其创业的方法依据产业的不同一般分为集中收购和分散收购两种方法。比如，水果的种植规模一般较大，所以可以集中收购，网店只需要和当地的果农签订协议即可：只要水果质量达到怎样的一个标准，便以高于市场价的百分之多少收购。而手工艺品因为规模较小，多分散在各个家庭中，所以需要采取分散收购的模式，即与每一个家庭或个人签订协议，确定收购的相关内容。

（三）农村代购存在的挑战

农村代购在存在商机的同时也存在一定的挑战。传统的代购模式在一定程度上依靠的是乡村的独特的人情关系，即熟人关系带来的信任，所以创业者如果缺乏这种熟人关系,创业之初自然会比较艰难,可一旦取得了村民的信任,后面的路便会通畅很多。另外,由于网络购物存在实际物品可能与期望不符等问题,甚至会出现假货,如何处理这些问题就显得非常关键,如果处理得好,将会进一步提升村民的信任感;如果处理不好,一旦失去村民的信任,后果将可想而知。

新兴的逆向代购模式同样存在诸多的挑战,其中最大的一个挑战就是产品品质如何保证。网店之所以从农民手上以一个高于市场价的价格收购产品,其根本原因就是追求产品的质量,打造品牌效应,吸引一批对质量要求较高的客户,从而实现农民、网店与客户的"三赢"。但在实际操作的过程中,有时村民提供的农产品在质量上达不到标准,这时便会出现一个两难的境地:如果不收购农产品,农产品供应出现短缺,不仅影响自己的利益,还会造成不良的影响,而且村民也会因此遭受利益损失,甚至会因此导致双方合作关系的破裂,从而进一步影响产品的供应;如果收购产品,由于产品品质不达标,所以不能将其当作高品质的产品出售,只能将其当作一般品质的产品售卖,这样虽然在短期内保证了网店的利益,但与网店的销售理念相违背,不利于网店的长远发展。相对于传统的采购模式,该种采购模式的前景更好,但挑战也更大,更难以处理,所以需要做好系统的分析与评估。

二、乡村旅游电商

(一)乡村旅游电商的内涵

乡村旅游电商是指以电子商务为主体,以乡村旅游信息库为基础,以促进乡村经济发展为目标,利用现代互联网搭建农产品信息应用平台,进行市场化运作,实现乡村旅游地农产品产销对接、优势互补,增加当地农民收入和发展乡村旅游经济的一种"乡村旅游+电商"的新模式。如果进一步剖析其内涵,可以从以下三个方面去理解。

其一,乡村旅游资源是乡村旅游电商发展的基础。所谓旅游资源,是指能够吸引旅游者的自然与社会因素,通常分为自然旅游资源与人文景观旅游两大类。但就乡村旅游发展的现状来看,乡村旅游资源所包含的内容要更加广泛,在传统意义上不属于旅游资源的一些具有模糊特征的事物都逐渐演化为乡村旅游资源的重要组成部分。具体而言,乡村旅游资源包含自然环境、物质要素和非物质要素。自然环境包括乡村的地貌、气候、水文以及自然生物等在内的自然综合体;物质要素指游客到乡村进行旅游时亲身接触或者感受到的具体事象,包括自然事象、人文事象和农业事象;非物质要素指非物质层面的内容,包括乡村的道德认知、价值认同、乡风民俗等，这些无形的非物质要素是对物质要素的重要补充，有时甚至会成为吸引游客的重要旅游资源。无论是对于早前发展起来的乡村旅游，还是对于当前基于互联网平台发展起来的乡村旅游电商，乡村旅游资源都是其发展的重要基础，缺少了这一基础，也便没有乡村旅游，更没有乡村旅游电商。

其二，"互联网+"是乡村旅游电商发展的动力。"互联网+"作为一种新的经济形态，已经成为国家发展战略的重要组成部分，也成为乡村振兴的重要动力之一。从具体的概念界定上来说，旅游产业属于第三产业，即服务业，但就当前旅游产业的发展来看，旅游产业更像是一个融合了第一、第二、第三产业的融合性产业，尤其对基于乡村旅游资源发展起来的乡村旅游产业而言，其融合性体现得更为明显。"互联网+"作为一种新的经济形态，在乡村旅游产业中的应用能够更好地促进其内部要素的整合，实现与外部资源的连接，从而助力乡村旅游产业的进一步发展。

其三，促进乡村发展是乡村旅游电商的目的。乡村旅游电商依托"大数据+乡村旅游"等平台，按照"一县一业、一乡一特、一村一品、一户一策"的思路，建立了"乡村旅游综合服务点+合作社（企业）+网店+物流快递"的模式，解决了农产品的"最初一公里"和"最后一公里"的问题。目前，农村电商已经逐渐渗透到乡村旅游产业链的全过程，成为助推乡村旅游发展和升级的新举措，也成为促进乡村经济发展的新载体。

（二）乡村旅游电商发展的要点

乡村旅游电商的发展依托于乡村旅游产业，还需要依靠政府或者当地龙头企业的牵引，由他们带领村民一起打造具有当地特色的生态旅游区（或生态旅游村），从而通过发展电商、打造旅游景点，实现乡村振兴的美丽蜕变。无论是由政府牵头还是依靠当地龙头企业牵引，在发展乡村旅游电商的过程中有以下几个要点需要注意。

1. 渠道建设

乡村旅游电商的渠道指互联网平台，这是乡村旅游电商发展不可或缺的。渠道建设可以依托现有的旅游电商平台，也可以建设属于自己的旅游电商平台。

目前市场上发展比较成熟的旅游电商平台共有四类：电子商务类、旅游社区类、旅游咨询类和旅游机构网站类。

（1）电子商务类。电子商务类平台提供旅游搜索、酒店预订、火车票和机票预订等服务，如携程旅行、去哪儿、艺龙旅行等。

（2）旅游社区类。旅游社区类平台是旅游爱好者的聚集地，这里有很多人分享自己旅游的感受，有些人更是结合自己的旅游经验做出了具体的旅游攻略，如旅人网、马蜂窝旅游网。

（3）旅游咨询类。该类社区平台主要提供旅游相关的咨询，如新浪旅游、网易旅游、搜狐旅游等。

（4）旅游机构网站类。一些旅游相关机构的网站，主要提供旅游方面的专业、及时的信息。

上述列举的旅游电商平台发展得比较成熟，依靠这些平台发展当地的乡村旅游电商能够节省平台建设的资金，既适用于企业，又适用于个人。而对于属于自己地区的旅游电商平台的建设，需要从市或者省一级着手，原因是省市一级的综合实力较强，而且可以站在更为宏观的角度去进行统筹规划。例如，河南省建立了河南乡村旅游网，该网站包括乡旅咨询、线路攻略、休闲农庄、农家乐、魅力乡村、乡旅商城等板块。通过该网站，不仅可以查询乡村各个市县乡村旅游有关的咨询，还可以通过乡旅商城购买门票、预定食宿、购买特色农产品，可谓是一应俱全。

2. 结合乡村发展现状与特色

虽然乡村旅游电商是乡村发展的一个契机，但在具体的实践中要结合乡村的实际情况与特色，针对性地对其进行开发和建设。例如，有些地区还不适合发展大农业，对于这些乡村可以在尊重现有农业发展模式的基础上，发展休闲农业。休闲农业的成本低、门槛低，且符合现代城市居民的需求，让用户在播种、浇水、除草、采摘等过程中体验乡村特色，同时结合观光、游玩、农家乐、民宿、民俗、表演、农产品邮寄等方式推动乡村旅游电商的发展。

3. 培育"乡村旅游电商村"品牌

乡村旅游电商虽然是乡村发展的一个契机，也是乡村电商发展到现阶段的一个商机所在，但就乡村旅游电商发展的现状来看，已经出现同质化的现象，如果农村旅游电商不断发展，人们都仍旧不重视发展自身特色，不重视乡村旅游电商的品牌建设，乡村旅游电商的同质化现象将会越来越严重，最后将会在一段迅速膨胀期后迎来衰退期。基于这一认识，在发展乡村旅游电商的过程中，一定要注重培育"乡村旅游电商村"品牌，凸显自身特色，同时构建完整的产业链，为消费者提供良好的旅游体验，从而促使乡村旅游电商持续蓬勃发展。

（三）乡村旅游电商发展的挑战

将电子商务应用到乡村旅游之中已成为乡村旅游发展的必然趋势，但就乡村旅游电商发展的现状来看，仍旧存在着一些问题和挑战。

首先，配套设施需要进一步完善。乡村旅游电商发展不可或缺的配套设施包含两个方面：一是道路交通设施，二是网络设施。虽然我国乡村的道路设施和网络设施在不断完善，但有些地区的基础设施建设水平还有待进一步的提高，这就导致一些乡村旅游资源比较丰富的地区缺乏发展乡村旅游电商的基础条件，这些乡村的进一步发展受到了限制。

其次，对人才的需求量较大。人才是乡村旅游电商发展的一个重要动力，如果缺少了人才的支撑，乡村旅游电商的发展难免会后继乏力。如今，越来越多的人才返乡或下乡参与乡村的建设与发展，但就乡村旅游电商发展的趋势来看，未来对人才的需求量将进一步加大。所以如何吸引更多的人才参与乡村旅游电商的建设与发展，是必然要面对的一个挑战。

三、农产品直播带货

（一）直播带货的现状

2019 年，社交、直播、内容电商借助社交平台和内容平台，通过分享、内容制作、分销等方式，实现了对传统电商模式的迭代，已成为农村电商市场重要的新业态，并保持高速增长。据中国互联网信息中心公布的数据，截至 2020 年 3 月，我国的网络直播用户规模达到 5.60 亿，较 2018 年年底增加了 1.63 亿，其中电商的直播用户规模为 2.65 亿。随着直播带货模式的快速发展，该模式很快从城市延伸到了乡村，而在乡村生态美衬托下的农产品催生了手机屏幕前观看者的信任感与购买欲望。据淘宝直播数据显示，截至 2020 年 3 月底，乡村直播带货已经覆盖全国 2 000 多个县（区），2019 年通过直播达到的农产品交易额超过 60 亿元。与此同时，短视频平台的崛起使电商直播进一步渗透到乡村之中。以抖音"山里 DOU 是好风光"项目为例，短视频平台依托流量优势和用户黏性，发挥意见领袖带货售货能力，可以将流量变现，为贫困地区创收。

与传统电商相比，直播带货体现出较强的社交性，具有用户主动分享、销售场景丰富、体验式购买等优势。同时，由于直播带货面向的供货商多为厂家，免去了中间环节，厂家可以以更低的价格将产品直接卖给消费者，从而使消费者得到更多的实惠。对于厂家来说，虽然出售的价格更低，但销量明显增加，并且因为产品的成本具有边际递减效应（即生产的产品达到一定规模后，数量越多，成本越低），所以厂家仍旧可以得到一个较高的利润回报。直播带货模式在推动乡村产业升级、拓展乡村农产品市场等方面的作用不能低估，并且随着 5G 相关基础设施建设速度的加快，直播带货模式将会实现进一步的发展。但直播带货也随之出现了一系列的问题，这就需要政府在加大政策引导、支持和保障力度的同时，加强监管，从而促进平台经济健康成长，用新动能推动新发展。

（二）直播带货的几个主要平台

直播带货具有巨大的市场潜力，无疑是农村电商的一个商机所在。通过对当前的直播带货市场进行分析，笔者发现目前主要有四个大的直播带货平台：抖音直播带货平台、微信直播带货平台、快手直播带货平台和淘宝直播带货平台。对这些直播带货平台进行初步的了解，是进行农产品直播带货的前提。

1. 抖音直播带货平台

抖音作为短视频平台，在积累了大量的用户之后，开始在直播带货板块发力，成为四大直播带货平台之一。抖音直播带货平台具有以下几个特点。

一是入驻门槛很低，只需要实名认证之后开通抖音直播功能和抖音商品分享功能便可以获得抖音直播带货的权限。获得抖音直播带货权限后，便可以在直播间卖货，直播间的购物车可以添加诸多电商平台的链接，如抖音小店、淘宝、京东、苏宁、唯品会等。但是从2020年10月9日起，抖音直播规定第三方来源的商品将不再支持进入直播间购物车，抖音小店平台来源商品不受影响，这表明抖音已经把直播电商作为今后公司的主要战略定位。二是抖音的用户呈现年轻态的特征，虽然抖音用户目前涵盖的年龄范围越来越大，但30岁以下的用户仍旧占据较大的比重，对于抖音用户来说，更突出的认知是有趣、潮流、年轻，这是抖音与其他几个带货平台最大的区别所在。

2. 微信直播带货平台

虽然微信直播带货平台是带货界的"后起之秀"，但微信却是社交平台的"领军者"。凭借着微信平台巨大的用户群，微信直播带货平台也迅速崛起。目前，微信直播带货主要有三种方式：腾讯看点直播、企业微信直播、小程序直播。三种直播方式略有不同，但都是基于微信平台。据数据统计，微信的月活跃数超过10亿，如此庞大的流量是其他平台所不具备的。另外，微信直播平台的流量是一个内部闭环，观众在直播间购买商品时，跳转的商城仍旧在微信平台范围内，不会跳转到淘宝、京东、苏宁等电商平台，降低了跳出率。

3. 快手直播带货平台

虽然同为短视频平台，但通过分析抖音与快手的用户群体特征可以发现，抖音用户大多集中在一、二线城市，而快手的用户主要集中在三线以下的城市和农村，男性用户多于女性用户，且渗透率很高。就城市经济发展来说，一、二线城市经济相对繁荣，经济红利更多，但竞争无疑也更加激烈。快手将市场下沉，即将平台发展聚焦于三线以下的城市和农村，显然是为了避开一、二线城市的竞争，并优先抢占下沉市场。另外，快手平台针对直播带货模块的经营理念是以人为中心的，这一理念体现在平台主播对其与粉丝关系的维持上，快手平台的主播通常会称自己的粉丝为"家人""朋友"，并且会通过一些行为让粉丝们感受到这种称呼的真诚性，因此快手也被称为"线上江湖"。正是基于这种运营理念，快手直播带货平台的主播与粉丝之间已经突破了传统商家与消费者的关系，更像是朋友、兄弟甚至类似亲人的关系，在这种关系的维系下，快手粉丝对主播的信任度很高，自然愿意购买主播推荐的产品，并逐渐形成了"老铁经济"。

4.淘宝直播带货平台

淘宝本身就是一个电商平台，经过长时间的发展，积累了大量的用户，且具有极高的市场知名度与信任度。在信息化时代，"黏性"一词出现的频率非常高，只要能够"黏"住消费者，平台对消费者的依靠便会转换为消费者对平台的依赖。显然，淘宝作为一个电商平台，在长时间的发展中"黏"住了很多的消费者，所以当淘宝开设直播带货后，这些消费者自然而然就会优先将淘宝作为选择的对象，这是其他直播带货平台所不具备的优势。淘宝虽然在直播带货模块的起步很高，但同样重视对该模块的经营。比如，为了吸引更多商家加入淘宝的直播带货平台，商家（主播）可以0成本入场，对于没有经验的主播，淘宝还会提供相应的培训课程，这对于没有直播带货经验的农村青年来说，无疑提供了绝佳的尝试机会。

（三）农产品直播带货的关键点

农产品直播带货不同于其他产品的直播带货，需要把握好几个关键点，才能最大限度地发挥直播带货的市场潜力。

1.原产地取景

农产品多产于乡村的田野山地之间，这些贴近自然的田园生态环境能够使农产品本身所具有的生态标签被还原，使屏幕前的用户真实地看到农产品采摘之前的形态，从而拉近用户与农产品的距离。另外，在直播带货之外的时间，农户可以对农产品种植、管理、采摘、加工等流程进行系列化的直播或短视频的拍摄，让用户清楚地看到农产品种植的全过程，提升用户对农产品的信任程度，让用户能够放心购买。

2.打造优质的内容

农产品直播带货虽然发展的时间较短，但发展的速度很快，与此同时也出现了很多问题，其中一个比较严重的问题便是直播内容的同质化。优质的内容能够吸引用户的持续关注，增加用户的黏性，所以面对直播内容同质化的问题，创业者需要关注的一个关键点便是打造优质的直播内容。比如，可以围绕要销售的农产品进行主题设计，打造系列专题，使直播内容垂直化，以此来提高直播内容的质量。当然，直播内容是围绕农产品展开的，农产品定位要清晰，不能为了打造优质内容而脱离了产品本身。

3. 打造农产品品牌形象

在直播带货模式的影响下，产品品牌效应所需的积累时间极大减少，以往一个品牌从地区走向全国需要几年、十几年，甚至更长的时间，但通过直播平台的传播，有些"藏在深山无人知"的产品甚至短时间内便可以做到"天下知"。直播带货可借助直播的这一优势打造农产品的品牌形象，而品牌形象的形成又能够吸引更多的用户，进一步巩固其品牌形象，从而形成一个良性的循环。农产品品牌形象的打造可以依托于农产品自身的卖点以及乡村的地域文化，撰写品牌故事，在直播的过程中为用户讲述，从而使农产品逐渐形成不易被模仿的品牌形象。

4. 对直播环节提前做好规划

直播虽然是即时的，直播过程中的互动也是即时发生的，但直播的整体流程不能是无序的，需要提前对直播的环节做好规划，由主播带动直播的节奏，而不是在漫无目的的直播中由用户去引领节奏，这样容易偏离直播的主线，从而影响带货的效果。当然，提前制定的脚本内容是"死"的，在直播的过程中可能会出现很多的突发情况，如果突发情况产生了负面的影响，那么直播就需要按照脚本将用户从突发情况上转移出来；如果突发情况能够产生积极的影响，那么直播便可以暂时抛开脚本，顺着突发情况的方向继续引导，使突发情况成为提高直播效果的催化剂。

5. 做好直播预热和引流

预热和引流是直播带货的必要环节，尤其对于一些刚刚接触直播带货的人来说，更需要做好预热和引流。预热和引流的内容需要结合直播的内容进行策划，可以适当延展，但不能夸大和虚假，否则会给用户造成一种不诚信的印象。具体而言，预热和引流的内容有以下选择：第一，展示直播的优惠力度，以此来提升直播的诱惑力；第二，拍摄优质的短视频，让观看者对直播产生兴趣；第三，一些影响力较大的主播还可以采取直接出镜告知直播时间的方式。预热和引流内容的发布以直播前3～24小时为宜。

（四）农产品直播带货的挑战

农产品直播带货虽然存在巨大的市场潜力，是农村电商发展的一个商业机遇，但同样存在挑战。

首先，前期的引流比较困难。对于直播带货而言，流量是基础，即便用户的转化率（即购买人数与观看人数的比值）低，但如果流量很大，也能够取得一个比较好的销量。而对于新入驻平台直播的人来说，面对的第一个问题就是直播的前期经常会出现无流量、无人观看的局面。目前比较常用的引流方式就是邀请网红或者流量比较大的主播来带动流量，但中小卖家经济实力较差，难以承受这种高额的投入。另外，还有些人会选择坚持用优质的内容一点点地引流，这种做法虽然投入的资金较少，但需要花费较长的时间，并且在长时间的坚持下能否吸引较大的流量也是一个未知数，一旦失败，则代表着前功尽弃。

其次，直播带货的热度期较短。在直播前期，很多人都面临着没有流量的尴尬，经过一段时间的努力后，逐渐吸引了一定的流量，农产品的销量也随之提高。但由于农产品同质化的现象比较严重，如果在吸引到流量后不能围绕产品定位形成品牌形象，那在面对其他同类农产品的竞争时，将没有任何的优势可言。的确，如果没有在用户心中形成品牌形象，唯一影响用户消费的因素便是价格，如果此时其他的直播间给出更为优惠的价格，那么这些流量便会逐渐跳出，从而导致直播的热度如昙花一现般转瞬即逝。

第三章 他山之玉：国外农村电商可持续发展历程与启示

第一节　国外农村电商的产生之源及其发展

在农村电商可持续发展方面,国外一些发达国家由于通信基础设施建设较早,发展时间较长,所以在体系上更加成熟。其中,美国、欧洲的几个国家、日本颇具代表性,所以在本节的论述中,笔者将以这几个国家为例,就其农村电商的产生与发展进行简要阐述。

一、美国农村电商的产生与发展

美国是最早开展农村电商的国家,并且一直处于领先地位。自古我们讲究的就是"以史为鉴",但我国农村电商发展的历史较短,而美国农村电商发展的历史较长,所以了解美国电商的发展历程对于我国来说具有一定的借鉴意义。

美国在发展早期是典型的农业国家,工业发展相对落后,但从19世纪初开始,美国踏上了工业化的道路。在工业化的进程中,美国的产业结构发生了巨大的变化,农业逐渐从主流产业变成了次要产业,与此同时,基础设施建设也取得了飞速的发展。以铁路的建设为例,在工业化开始后的50年时间里,美国建设了比较完善的铁路系统,多数的城市与城市之间都有铁路相连,极大地促进了商品贸易。对于包括电子贸易在内的所有贸易来说,交易只是贸易的开始,后续的物流至关重要,而完善的铁路系统是支撑物流的关键,所以美国早期的交通设施建设为后来的农村电子商务的发展奠定了坚实的基础。

当然,从前文对电子商务的定义可知,电子商务的关键是信息网络技术,毕竟没有了互联网,也就没有电子商务。1993年,美国推出了"国家信息基础设施行动计划",旨在打造"信息高速公路"。1996年,为了进一步推动网络基础设施的建设,美国颁布了新的电信法,将网络基础设施建设的市场向企业开放,众多企业纷纷加入。20世纪末,为了迎接21世纪的到来,为了在21世纪继续抢占信息化发展的制高点,美国制定了"新一代互联网计划:对美国未来的一项大胆投资计划""21世纪的信息技术"等颇具前瞻性的战略计划。进入21世纪后,美国政府继续以政策引导,加大网络基础设施的建设,促使美国网络信息服务能力不断提升,而网络使用的成本在逐渐下降,这不仅为美国农村电商的发展夯实了基础,还促进了美国网络经济的进一步繁荣。

在网络基础设施不断完善的基础上,美国农村电商开始兴起,而为了促进农村电商的发展,美国在财政金融以及立法上给予了支持。在财政上的支持主要体现在税收上,早期对于电子商务是否收税存在很大的争议,最终美国政府决定要在合法的基础上尽可能减少对电子商务的税收。美国政府明确表示,任何电子商务税收的征收不能改变或妨碍商务本身,税收制度必须简单透明,而且要涵盖大多数合法人的收入,税务制度应该与其他贸易伙伴相兼容,等等。在立法上的支持主要体现在消费者权益法律制度的健全上,因为只有消费者的权益得到保障,农村电子商务的发展才能持续、长久,所以美国政府针对交易达成前的消费者保护、交易过程中的消费者保护以及交易完成后的消费者保护三个方面进行了立法。在财政以及立法两方面的支持下,美国的农村电商自兴起之初便一直保持着较好的发展态势,这一点是值得我们学习和借鉴的。

二、欧洲农村电商的产生与发展

欧洲农村电商的发展以德国、法国、英国为代表,但总体而言,欧洲多数国家在农村电子商务上都取得了一定的成绩。欧洲多数国家都具有比较完善的道路体系,而支撑电子商务发展的网络基础设施也备受欧洲各国政府的高度重视。在2000年以前,欧洲的一些老牌国家,如德国、英国、法国已经逐步开展了信息化建设。2000年以后,在欧盟委员会的统领下,欧盟各国也先后开始了信息化建设。在步入21世纪的第一年,欧盟委员会提出了"欧洲网络指导框架"的构想,旨在建设现代化的信息社会基础和联通全球的网络体系。2010年,欧盟委员会发布了"欧洲2020战略",信息技术产业发展被作为主要战略计划之一。欧盟的农村电商同样随着网络基础设施的建设而兴起和发展,并且极大促进了欧洲各国农村的发展。

同美国一样,为了保障农村电商持续、健康发展,欧盟各国在注重网络基础设施建设的同时,也从其他方面给予了极大的支持。比如,建立并完善了网络交易的标准体系。对于农村电商的发展而言,网络交易标准体系的建设具有非常重要的意义。原因是基于互联网完成的交易并非传统"一手交钱,一手交货"的模式,货物在交付到消费者手中之前,或多或少带有一定的隐蔽性,即消费者对于货物的了解比较有限,如果卖家有意隐瞒货物的一些信息,那么消费者的利益便容易受到损害。为了避免这种信息不对称导致的消费者权益受损的情况,网络交易标准体系应运而生。网络交易标准体系要求交易的双方在发生交易之前就针对交易相关的内容达成协议,如商品的数量、价格、质量、运送方式、退换货方式等,当交易达成后,双方严格按照标准化的操作流程来执行,并且针对该流程中涉及的主体也都进行了权利与责任的划分。这种方式可以有效保障电子商务中各主体的利益,尤其可以保护消费者的利益,对于促进农村电商的可持续发展起到了非常积极的作用。

三、日本农村电商的产生与发展

与美国和欧盟各国相比,日本农村电商的起步较晚,但其发展的基础也是网络设施的完善。2001年,日本出台了"全国宽带构想计划",意图将日本建设成世界最先进的IT国家。该计划出台之后,日本加快了网络基础设施的建设,包括偏远的山村,其网络基础设施也得到了一定程度的改善。随着日本各地网络基础设施的不断完善,日本电子商务的发展也日趋多样化,农产品电子商务模式也开始兴起并在短时间内得到了快速的发展。

同欧美国家一样,为了进一步促进农村电子商务的发展,日本也开始从其他方面对农村电商进行支持。

首先,日本政府高度重视网络诚信体系的认证工作。其实,在电子商务进入农村之前,为了保障城市中电子商务的健康可持续发展,日本邮政省、通产省、法务省在1999年联合草拟和公布了题为"与电子签名和认证有关的法律条款:促进电子商务并为基于网络的社会和经济活动奠定基础"的政策文件。在这份文件中,日本通过法律的形式使电子签名与传统的签名一样能够保证交易的安全,这对于增强公众对网络社会的信心具有重要意义。1999年以后,随着电子商务的进一步发展,尤其是农村电子商务的兴起和发展,日本对于网络诚信认证工作愈加重视,不断对其进行修改和完善,进一步增强了消费者对于网络购物安全的信任,这对于促进日本农村电子商务的进一步发展具有重要的意义。

其次,人才为电子商务发展的重中之重,如果缺乏了后续的人才支撑,那么农村电子商务的发展就会后继乏力。基于这一认识,日本政府高度重视电子商务人才的培养。在这种对电子商务人才高度重视的环境下,从事电子商务的人才越来越多,而农村电子商务由于其广阔的前景,也逐渐吸引了越来越多的人才。目前,日本全国性联合会农产品电子商务交易IT支持力量最为强大,都、道、府、县联合会也都有自己专门的IT技术支持人员,每个村镇农协也配备有IT技术专员,绝大多数个体农户也能够得到各级农协IT技术专员的支持。因为有IT人才的支持,所以在农村电子商务发展的过程中,一些容易出现的问题都能很快得到解决,这直接促进了日本农产品电子商务交易的快速发展。

第二节　国外农村电商基本特征与未来趋势

一、国外农村电商的基本特征

(一)电子商务模式逐渐多样化

从单一走向多元,这是事物发展的一个普遍规律,也是事物发展过程中体现出的一个基本特征,这一特征在国外农村电商发展的历程中有明显的体现。以日本为例,既有以实体店铺为基础,店铺销售和网络销售相结合的综合性网络超市,又有借助计算机网络且只从事网络经营活动的农产品电子交易所;既有商品种类齐全的大型综合类网络交易市场,又有以社区为中心,只经营生鲜蔬菜、水果的专门性农产品网络商店。[①] 其实,我国农村电商虽然发展时间相对较短,但也体现出了较为明显的多样化的特征,虽然与国外相比形式上有所不同,但多样化的发展模式无疑更有助于农村电商的可持续发展,并且随着乡村越来越多的市场潜力被释放,农村电商的模式将会更加多元。

(二)电子商务平台日益成熟和完善

国外农村电子商务平台的发展历史与国内类似,在发展早期,电子商务平台的作用主要是提供信息服务,交易服务较少,而随着信息技术的不断发展,电子商务平台也日趋成熟和完善,其包含的内容日益丰富,覆盖的范围更加广泛,功能也更加全面,除了为交易双方提供咨询服务,还会就交易提供一条龙服务,这有效提高了市场交易信息的透明度,也促进了交易效率的提高。以美国为例,美国建立了比较完善的农产品电子商务交易平台,其主要包括:农产品信息公布网站(这类网站的建设主要以政府为主导)、农产品期货交易市场(如纽约农产品期货交易所)、农产品网络零售商店等。目前美国许多电子商务平台,如百货批发电子商务网站、大宗商品交易平台、农贸综合交易平台、农产品商贸协会等都推出了农产品交易服务。

---

① 陈联刚.地理标志农产品电子商务发展模式创新研究[M].武汉:华中科技大学出版社,2018:42.

（三）相关配套设施逐渐完善

农村电子商务的可持续发展不仅需要完善的平台支撑，还需要完善的配套设施支撑，原因是在完成电子交易之后，还有很多后续的流程，如物流、售后服务等。另外，商品的贮藏也是一个非常重要的问题，尤其是有些农产品具有非常强的季节性特征，且不易贮藏，如果贮藏保鲜、冷链物流体系的建设不完善，将会影响农村电子商务的发展。正是因为认识到了相关配套设施建设的重要性，所以国外一些国家在完善农村电子商务平台建设的基础上，也着手建设相关的配套设施。以美国的物流建设为例，作为物流理念的发源地，其物流研究、设计和技术开发一直处于世界前沿，有十分成熟的物流管理经验和发达的现代物流。随着高新技术的突飞猛进和计算机信息网络的日益普及，美国的物流业在不断向现代物流转变，其主要内涵包括了运输的合理化、仓储的自动化、包装的标准化、装卸的机械化、加工配送的一体化和信息管理的网络化等。关于相关配套设施的建设，我国在发展农村电子商务之初便投入了大量的资金予以支持，并且近些年的关注程度有增无减，这一点在中央近几年发布的一号文件中有明显体现，也正是我国对农村电子商务相关配套设施建设的重视，进一步推动了农村电子商务的快速发展。

二、国外农村电商的未来趋势

（一）国际化趋势

以多语种信息传递为基础，以银行卡或网络银行结算为前提，以网络数字证书安全认证体系为交易信任保障，以全程物流配送和延伸服务为支撑，充分实现信息资源的共享性、互动性、安全性的网上交易环境是电子商务国际化的环境要求。以新西兰为例，新西兰建立了农产品B2B电子商务平台，该平台在全球范围内开展营销活动，如奶制品电子商务平台，这是当前国际上最大的乳制品电商，它是新西兰乳业巨头恒天然集团建立的在线销售渠道，吸引了来自全球很多国家的乳制品采购商进驻。虽然由于一些客观条件的限制，农村电子商务国际化的进程仍旧处在发展阶段，但在全球经济一体化的背景下，农村电商国际化的脚步不会停下，且会随着全球经济一体化的推进而不断前进。

（二）融合化趋势

相对于传统的线下实体销售模式，电子商务这种线上销售模式发展的时间非常短，但电子商务的出现却极大地冲击了线下实体销售模式，甚至有人预测未来线下实体销售模式将会消失。但随着电子商务多元化的发展，人们发现电子商务这种线上销售模式在服务能力上存在欠缺，而线下实体销售模式恰恰具有良好的服务能力。与此同时，基于产业链上下游控制的内在需求，电子商务开始向线下实体扩张，而线下实体商户也开始向线上发展，寻求与线下实体的融合。这种融合的趋势在国内外都有体现，以荷兰为例，荷兰国内已建立了十分发达的实体营销渠道和物流网络，通过将电子商务与传统销售渠道整合起来，大大拓宽了实体店经营服务范围，实现了销售业绩的快速增长。线上电子商务平台与线下实体平台的融合已经成为国际电子商务发展的必然趋势，这种融合在弥补线上平台服务能力，拓宽线下实体平台市场的同时，使电子商务的经营模式从单一走向多元，这对于电子商务的持续发展具有非常重要的意义。

（三）个性化趋势

如果说国际化趋势是横向发展，那么个性化趋势便是纵深发展。通过分析国际农村电子商务发展的现状，电子商务将向两个方向个性化发展：一是个性化推荐；二是个性化定制。个性化推荐是基于当前电子商务平台大量的信息数据，虽然大量的信息数据为消费者提供了更多选择的方向，但信息的超载也让消费者无法在大量的信息中快速、精准地找到自己所需要的信息。基于此，个性化推荐由此产生，即通过分析消费者的兴趣偏好，为消费者推荐与其兴趣偏好相关的信息产品。个性化推荐是基于大数据下的云计算产生的，其实现依靠的是电子商务平台，而个性化的定制依靠的则是商家。随着人们生活水平的不断提高，人们对于物质的需求也趋于个性化，这也是为什么乡村的手工艺品越来越受到人们喜欢的原因之一，因为这些手工艺品具有较强的个性，能够满足人们个性化的需求。但个性化的定制因为不能量产，成本较高（包括经济成本与时间成本），相应的售价也会较高，所以个性化定制目前面向的主要是经济收入较高的人群。但随着人们生活水平的进一步提高，通过电子商务平台进行个性化定制将会越来越普遍。

第三节 国外农村电商扶贫政策及案例分析

一、国外农村电商扶贫政策

在国外，电子商务同样在农村的经济发展中发挥了重要作用，而为了保证农村电子商务的稳定、持续发展，很多国家都制定了一系列的政策。例如，联合国粮食及农业组织、国际电信联盟，在其他合作伙伴包括农业和农村合作技术中心的支持下，共同制定了一系列的政策建议，建议包括以下几个方面：①

在现有系统的基础上，鼓励不同技术和信息共享的整合；②通过共识和基于对成本的彻底分析确定谁应该支付；③确保边缘化群体和农业部门的群体能获得公平；④通过分散本地所有化的流程促进本地化内容；⑤通过提供一揽子培训和保持信息来源的选择来提高能力；⑥使用符合现有基础设施的现实技术；⑦建立知识伙伴关系，确保填补知识空白，并通过双向信息传递知识，使知识源自各级网络和社区。该指南的目的是提供更有效的方式全面解决农业部门的信息通信技术方面的机遇和挑战，同时创造新的收入来源并改善农村社区的生计，并确保实现国家农业总体规划目标。

此外，为了保障交易双方的合法权益，为了推动农村电子商务的健康、持续发展，各国针对农村电子商务制定了专门的法律性政策，其涵盖的范围非常广泛，包含市场管理、网络信息、食品安全、产品流通等多个方面。例如，在市场管理方面，德国颁布了《互联网及电子商务平台管理法案》《远程商品销售法》；韩国颁布了《电子商务平台基本法》。这些法律政策为各国农村电子商务的发展营造了良好的环境，保障了农村电商健康、持续发展，间接促进了各国农村经济的发展和农民生活水平的提高。

二、国外农村电商扶贫的案例分析

农村电商在各国农村的扶贫工作中发挥了积极的作用，其中不乏一些典型的案例，这些在国外环境下发展起来的电商虽然与国内电商存在很大的差异，但分析这些国外电商的成功案例，或许能够为我们带来一些启发。

（一）LocalHarvest

LocalHarvest 是成立于 1998 年的一家美国农产品电商，其销售模式不是简单地将农产品放到平台上售卖，而是将众多的中小型农场及其产品放到平台上，当消费者在平台上搜索农产品时，平台会对消费者的位置进行定位，然后结合其需要购买的农产品找到消费者周边的农场，在消费者完成支付之后，位于消费者周边的农场负责产品的配送，这样可以在短时间内完成农产品的配送，保证了食品的新鲜度。LocalHarvest 除了具有"品味自然"（即保证农产品的新鲜度）的特色，还具有亲近自然的特色。所谓亲近自然，就是让消费者实现与农场的零距离互动。LocalHarvest 会在其平台上发布学农、节庆、考察等农场信息活动，感兴趣的消费者可以通过报名的方式参与活动，体验亲近自然的快乐。这种做法拉近了消费者与农场的距离，使消费者更加信任农场。LocalHarvest 的这种营销模式便是比较典型的 O2O 模式。

另外，LocalHarvest 在充当线上交易平台为众多中小农场提供交易市场的

第三章 他山之玉：国外农村电商可持续发展历程与启示

同时，也为农村提供了管理软件——CSAware，该软件的功能较为齐全，包括会员管理、在线订单管理、配送管理和财务管理。针对农场的变化以及电子商务市场的变化情况，LocalHarvest 会对软件的功能做出调整，以便能够更好地为农场服务。CSAware 虽然是一款收费软件，但费用较低，农场主只需要支付较少的费用便可以大大提高农场的管理效率。美国的中小农场资金相对薄弱，市场选择也相对较窄，但 LocalHarvest 这一电商平台为众多的中小农场提供了一个线上销售平台，极大拓宽了它们的销售市场，同时提供的管理软件又提高了农场的管理效率，使众多的中小农场获得了更多的经济收入，促进了广大村民收入的提高。

（二）Oisix

Oisix 是一家成立于 2000 年的日本生鲜食品电商，该企业以严选的理念，为顾客甄选安全、营养、价廉物美的生鲜食品。Oisix 与日本国内 1 000 余家农户签订了合作协议，签订协议的农户提供的农产品必须是优质的（低农药栽培或有机栽培），而为了确保所收购农产品的优质性，在从农户手中收购农产品之后，会有专门的检测中心对农产品的质量进行检测，只有质量合格的农产品才能分配到仓库，进入后续配送的流程，不合规的产品将会被分配到隔离区，当作废弃商品处理。而为了确保收购的农产品具有较高的合格率，Oisix 建立了完善的追溯系统，对农产品的生产过程进行全程记录，同时不断完善各种农药化肥使用数据库，确保都在可控的范围内。为了支撑大量农产品的检测工作，Oisix 建立了多个检测中心，同时为了保障农产品最短时间内送到消费者手中，Oisix 还建立了多个物流中心。

与 LocalHarvest 相比，Oisix 的视野更加开阔，该企业似乎不甘心仅仅做一个农产品的电商平台。2016 年，Oisix 成立了投资部门"Food Tech Fund（食品技术基金）"，拟专门针对食品科技的相关领域进行投资，包括基于新食材的农业技术、调味配方，采用新技术的厨具，以及其他与食品相关的研究、服务等方面。Oisix 所投资的领域都是与食品有关的，如果仔细分析这些领域就可以发现，它们串联在一起形成了一个完整的产业链。农业技术领域的内容涉及农产品的栽培，调味配方涉及农产品的味道和营养搭配，新技术厨具涉及农产品的烹饪，再加上该平台现有的农产品收购、检测、配送，形成了一个完整的产业链。与美国的中小农场主一样，农户本身资金薄弱，市场选择也比较窄，而 Oisix 的加入不仅拓宽了农户的市场，还为他们提供了生产商的技术支撑，对于他们而言获利良多，何乐不为呢？

（三）RelayFoods

RelayFoods 是一家成立于美国的生鲜食品电商。与上述两个企业不同，RelayFoods 成立之初没有涉足大城市，而是围绕乡村和小城市来不断扩张，在 2012 年收购一家线上食品供应商——Arganica 农场俱乐部之后，RelayFoods 开始向大城市进军。与上述两家生鲜电商相比，RelayFoods 的规模较小，所以在相关配套设施的建设上也不是非常完善，尤其在物流系统的建设上，没有实现送货上门。但为了解决"最后一公里"的问题，RelayFoods 建立了多个取货点，当消费者线上下单之后，平台会将消费者购买的信息告知附近的农场，农场根据消费者提供的购买要求进行采摘，然后将产品送到取货点，消费者到取货点取货。

RelayFoods 追求的是规模经济和大众市场客户，虽然在产品的配送上稍显逊色，但在产品的价格上更为实惠。与此同时，为了增加客户黏性，RelayFoods 在选择合作的农场时，一般会将口碑作为合作的第一要素，这样可以保证产品的质量，使消费者产生物美价廉的感受，进而获得消费者的信赖。对于本身就具有较好口碑的农场来说，与 RelayFoods 合作能够形成积累效应，进一步提升其口碑，从而带去更多的利益。RelayFoods 作为一家规模较小的生鲜电商平台，同样探索出了适合于自身的营销模式，并且通过与农场的合作带动了农民经济的发展。

通过分析上述几个国外生鲜产品电商的案例可知，无论是大的电商平台，还是小的电商平台，通过与农户的合作，都促进了农户收入的增加，为农村经济的发展提供了助力。而在看到国外农村电商带动农村发展的同时，我们还应该深入分析他们的营销模式，并根据自身的实际情况去进行把控，借鉴其中可取的地方，从而促进我国农村电商的健康、可持续发展，进而在促进农村经济发展方面发挥更大的作用。

第四节 国外农村电商发展模式对我国的启示

虽然不同国家的国情存在较大的差异，并且农村电商发展的阶段也不同，但国外有关农村电商发展的经验也有很多值得思考和借鉴的地方，这一点是毋庸置疑的。具体来说，国外农村电商发展模式对我国农村电商的启示包含以下几点。当然，该启示是笔者的一家之言，至于其操作可行性，还有待进一步的验证。

一、不断完善有关电子商务的法律法规

法律是保证人民权益的重要手段,电子商务属于贸易的范畴,涉及人民最为关注的经济问题,所以必须要健全相关的法律法规。以日本为例,日本非常重视与农产品电子商务有关的法律法规的建设,构建了比较健全的法律体系,其中甚至包含网络安全、农产品安全、信息技术等诸多方面,并且随着电子商务的不断发展,其法律法规体系也在不断修订和完善,以保证法律法规与电子商务发展步伐的一致性,避免出现法律上的漏洞。

在乡村电子商务法律法规的建设上,我国自开始大力提倡乡村电子商务发展之时,便同步开始重视相关的管理与规范工作,发布了《电子商务模式规范》《网络购物服务规范》《网络商品交易及有关服务行为管理暂行办法》等政策性文件,在2018年出台了《中华人民共和国电子商务法》,该法规的出台旨在保障电子商务各方主体的合法权益,规范电子商务行为,维护市场秩序,促进电子商务持续健康发展。与其他国家的法律法规相比,《中华人民共和国电子商务法》同样是较为健全的一部法规,一共包含八十九条内容,大体涵盖了电子商务经营的方方面面。当然,由于近些年我国农村电子商务发展的速度非常快,其涵盖的领域可能会越来越广,当现有的法律法规不能覆盖电子商务相关内容的时候,就必然需要对法律法规进行完善,以保证法律的建设与电子商务发展的步伐相一致,从而避免居心不良之人钻法律的空子,导致广大人民的利益受损害。

二、建设多样化和专业化的农产品电子商务平台

很多农产品具有季节性强、地域性强、不易储存、不宜长时间运输等特点,基于这一认识,国外一些国家的做法是建设多样化且专业化的农产品电子商务平台。同样以日本为例,既有以实体店铺为基础,店铺销售和网络销售相结合的综合性网络超市,又有借助计算机网络且只从事网络经营活动的农产品电子交易所;既有商品种类齐全的大型综合类网络交易市场,又有以社区为中心,只经营生鲜蔬菜、水果的专门性农产品网络商店。[①]可以说,其农产品的电子商务模式非常多样化,且电子商务平台专业性较强,这样便可以结合农产品的特点选择适合的营销模式,同时也为消费者提供了多样化的选择。

---

① 陈联刚.地理标志农产品电子商务发展模式创新研究[M].武汉:华中科技大学出版社,2018:42.

基于对日本模式的分析，建设多样化和专业化的农产品电子商务平台确实是一个不错的方式，但与日本相比，由于我国的地域更为辽阔，农产品的种类更加丰富，所以具体实施起来会更为复杂，需要思考的内容也更多。笔者认为，可以建设一批质量高、综合性强、专业化的农产品电子商务平台，支持网上挂牌、网上竞价、网上洽谈等交易模式，实现为消费者提供产品信息、实时交易、冷链运输的全程服务；与原产地农户建立订单合作关系，按照市场标准从选种到种植等全过程监控农产品质量，建立质量稳定、销路畅通的营销通道；通过大数据、物联网技术保证农产品运输的最优路径和运输条件，缩短农产品流通环节，确保农产品的新鲜优质，从而形成"生产者—农产品电子商务平台—消费者"的完整产业链，带动农业产业化发展。

三、充分发挥电子商务协会的作用

行业协会是政府机构核准登记注册的社团组织，其介于政府与企业之间，并为它们提供相应的服务。各个行业都有自己的协会，电子商务同样如此，其根本目的是促进电子商务行业的健康可持续发展。目前，很多国家都成立了电子商务协会，其在促进电子商务发展的过程中发挥了非常积极的作用。具体体现在以下三点。

其一，维护消费者的合法权益。无论是线下交易还是线上交易，信任都是一个非常重要的基础，如果消费者合法权益受到损害，那么信任体系就会崩塌，所以维护消费者的合法权益至关重要。电子商业协会便充当了维护消费者权益的角色，消费者虽然可以通过法律途径去维护自身的合法权益，但有时通过电子商务协会可以更加便捷地处理问题。以德国农产品行业协会为例，该协会与互联网信息协会、无线通信行业协会、商务展览经济协会、物流行业协会、消费者权利保护中心、互联网购物消费者联盟等开展合作，除受理各种网络交易纠纷案件外，还为消费者提供法律咨询。其二，为有需要的人或企业提供必要的服务。电子商务协会的目的就是服务于企业、服务于个人、服务于社会，从而全面促进电子商务的发展。以新西兰为例，在电子商务协会的基础上，还细分了行业协会，如玉米协会、肉类消费品协会、豆制品行业协会等，这些协会除了提供信息咨询服务，还负责处理电子交易中出现的纠纷问题。其三，对电商进行监督和约束。相对于传统商务来说，电子商务属于新兴事物，电子商务的快速发展对于经济的发展是有利的，但如果不加以约束和监督，便容易导致电子商务野蛮生长，因此，电子商务协会便充当了监督者和约束者的角色。

第三章 他山之玉：国外农村电商可持续发展历程与启示

电子商务协会是依照相关法律成立，面向国际信息化产业及电子商务广泛应用，不受地区、部门、行业、所有制限制，是与信息化及电子商务产业有关的企业、事业机构和个人自愿参加的非营利性国际性组织。我国电子商务协会服务的范围非常广泛，主要包含以下内容。

（1）协助政府制定行业规范、标准，与政府一同约束行业市场行为，保障电子商务行业健康、可持续发展。

（2）宣传政府针对电子商务行业制定的法律法规，同时将行业市场情况向政府进行反馈，搭建起连接政府与市场的桥梁。

（3）站在宏观视角探索电子商务行业发展的规律，并定期开展市场调查，针对行业发展难题，研究解决对策。

（4）为协会会员提供咨询服务，并不定期组织协会会员参与活动或会议，促进协会会员之间的交流与沟通，增进会员之间的了解，促成会员之间的商务合作。

（5）搜集有关行业发展的信息，进行统计和研究，在此基础上可以将研究成果系统化，使其成为书刊出版，为政府以及协会会员的决策提供参考。

（6）不定期组织培训活动，邀请协会会员企业参与培训，从而提高协会会员企业的人才队伍素质。

（7）电子商务行业协会不仅是连接政府与企业的桥梁，还是连接国内外企业的桥梁，所以协会应促进国内外相关行业的企业展开跨国合作，共同推动行业的发展。

（8）针对行业会员中取得杰出成绩的企业，应积极进行表彰，并向其他会员，甚至整个行业推广成功的经验。

（9）完成政府以及协会会员委托给协会的其他事项。

以河南省为例，河南省在2002年成立了河南省电子商务协会，协会自成立至今已将近20年的时间，在促进河南省电子商务发展方面发挥了非常积极的作用，在促进乡村电子商务的发展方面也起到了至关重要的作用。2019年10月，该协会"豫货通天下"电子商务扶贫案例入选中国网络社会组织联合会2019网络扶贫典型案例。与国外电子商务协会相比，河南电子商务协会服务的范围有所区别，这与我国的国情以及河南省发展的现状有关，所以对国外电子商务协会工作内容与模式要结合实际情况有选择性地借鉴。比如，在维护消费者合法权益上，我国有维护消费者权益的行政执法机关和社会组织（如消费者协会），这些机构完全可以起到维护消费者权益的作用，如果电子商务协会盲目增加维护消费者权益相关的内容，会导致工作内容的交叉，造成资源的浪费。而对电商进行监督和约束这一点值得我国的电子商务协会进行借鉴,因为目前我国政府机构对于电商的发展虽然有约束和监管,但主要是从执法层面上,很少涉及信用(信用从某种层面上来说属于道德范畴,而法律的约束并不能干涉道德),而电子商务协会可以弥补这一方面的不足。具体可以借鉴美国电子商务协会的模式,建立类似信用档案的模块,对商家信用情况进行记录,从而用商家最为重视的信用去约束商家的行为。总而言之,电子商务协会在促进电子商务发展方面发挥着非常重要的作用,所以需要充分发挥协会的作用,以进一步促进我国乡村电子商务的健康、持续发展。

四、加强电子商务人才的培养

人才是电子商务可持续发展的一个重要基础,没有人才的支撑,乡村电子商务的快速发展就缺少坚实的基础,其结果便是电子商务发展容易乏力或畸形。而人才来自哪里,一个重要的来源就是学校。从电子商务发展伊始,一些学校便相应开设了电子商务相关专业,以培养专业的人才,促进电子商务的进一步发展。如今,电子商务专业已然成为国内外各高校中的热门专业,培养了一大批专业人才。但通过对比国内外高校人才培养的模式,我们能够从中发现诸多的不同点。

国外高校电子商务人才培养模式有以下特点。其一,课程建设以市场为导向。该模式在美国的高校中比较常见,即在进行课程建设时,会综合考虑学生因素、市场因素、学校因素,然后在协调三种因素的基础上建设更加符合市场需求的课程体系。其二,重视学生技术应用与实际操作能力的培养。理论是基础,实践是目的,两者缺一不可。在人才培养上,国外一些高校更加倾向于技术应用与实际操作能力的培养,从而使学生能够利用所学的知识解决实际中的问题。其三,重视职业教育对人才的培养。职业教育是指让受教育者获得某种职业或生产劳动所需要的职业知识、技能和职业道德的教育。在人才培养上,职业教育同样发挥着重要的作用,其与普通教育共同构成了完善的教育体系,在这一点上,国外一些发达国家有着较为深入的认识,在多个方面给予职业教育帮助,极大促进了职业教育的发展。

相比于国外高校,国内高校人才培养模式具有以下特点。其一,课程建设以学校优势为依托。国内高校在建设相关课程时,往往以自身的优质学科群和学术资源为依托,这样有助于课程朝着优质化的方向发展,提高课程的专业度。其二,课程偏重于理论知识的教授。理论知识是基础,只有具备扎实的理论知识,才能更好地做出成就,这是国内多数高校秉承的教育理念。其三,对职业教育不够重视。如前文所述，职业教育同样发挥着重要的作用，其与普通教育共同构成了完善的教育体系，但目前国内一些职业院校不够重视职业教育，从而在一定程度上影响了人才的培养。

综合来看，国内外高校人才培养模式各有优势，也各有不足。在学科建设上，如果完全以市场为指导，不考虑学校自身情况，盲目进行课程建设，将会影响课程质量；但如果只考虑学校自身优势，而忽视市场因素，容易导致人才培养方向与市场需求不符。因此，对于国内高校而言，应在依托自身优势的同时，综合考虑市场因素，从而用优质资源培养市场更需要的人才。在课程内容教授上，理论和实践两者缺一不可，偏重于理论虽然有助于扎实基础，但实践才是目的，缺乏实践能力，就将缺乏解决实际问题的能力；而偏重于实践虽有助于提升解决实际问题的能力，但缺乏扎实的理论基础会使综合能力的提升受到影响，因为一些专业性的问题需要理论做指导。因此，对于国内高校而言，要平衡教学内容的占比，适当增加实践课程的比例，从而使学生获得理论与实践能力的同步提升。在对职业教育的重视上，国家近些年对于职业教育的重视程度与日俱增，但普通院校的重视程度仍然不够，所以在这一点上仍需要我们做进一步的努力。

第四章 珠联璧合：乡村振兴与农村电商融合交汇

第一节 农村电商为实施乡村振兴战略提供新动力

乡村振兴战略坚持农业农村优先发展，按照产业兴旺、生态宜居、乡风文明、治理有效、生活富裕的总要求，建立健全城乡融合发展体制机制和政策体系，统筹推进农村经济建设、政治建设、文化建设、社会建设、生态文明建设和党的建设，加快推进乡村治理体系和治理能力现代化，加快推进农业农村现代化，走中国特色社会主义乡村振兴道路，让农业成为有奔头的产业，让农民成为有吸引力的职业，让农村成为安居乐业的美丽家园。农村电子商务作为电子商务在农村的延伸，有助于商品信息的快速传播，还能够为改变城乡二元经济结构、打破地域经济发展不平衡的局面、提高农产品市场竞争力、促进乡村发展创造有利的条件。我国作为农业大国，解决"三农"问题、实现乡村振兴一直是国家发展战略中的重要内容之一，而农村电子商务作为促进乡村发展的一种新的经济模式，无疑也将成为乡村振兴战略实施的新动力。

一、农村电商助推乡村产业的优化

（一）农村电商助推乡村农业的发展

1.有助于打通农产品的流通渠道，提高农业的经济效益

目前我国农产品的流通渠道仍旧不是非常健全，很多乡村地区存在着渠道少、中间环节多、供需链严重割裂、交易成本高等问题，导致农业的经济效益达不到一个理想的状态。而通过电子商务平台，可以解决一些传统农业产业中存在的"顽疾"，从而提高农业的经济效益，促进农民收入的提高。例如，通过电子商务平台，可以实现农业生产资料的信息化，交易的双方能够随时了解市场的需求情况，从而将断裂的供需链重新建立起来。与此同时，电子商务平台的出现也拓宽了农产品的销售渠道，使农产品的售卖再也不必完全依靠农贸市场，而可以借助电子商务平台实现全天24小时、跨地区的产品销售，从而提高了农产品的销售量。

2.有助于县域电商园区建设，赋能农业数字化

随着我国各地基础信息设施建设工作的不断推进，很多地区建成了县、

镇、村三级电商信息服务站，这些服务站能够拓展农村数字信息服务业务，推动县域电子商务向数字化、智能化转型，同时为县域电子商务产业园区的建设奠定基础。县域电子商务产业园区在农业产业中的作用有建设区域内特色农业产业品牌、品质、品种数据库；对接国内各大农业科研院所的数字种植业、数字畜牧业、数字渔业、数字农产品加工业资源，助力当地农业科学技术推广服务体系数字化转型；对接国内物联网企业，大力推广物联网技术在种植、畜牧和渔业生产中的应用；对接国家农产品质量安全溯源管理平台，推动新一代信息技术与特色农业、地理标志深度融合；等等。[1]农业数字化是农业现代化建设的一个目标，虽然目前还处在发展阶段，但随着农村电商的发展，农村电商将与数字农业相交融，从而为农业产业发展的数字化增添助力。

（二）农村电商助推乡村产业的融合

关于产业融合，笔者在前文曾多次提到，这是现代产业发展的一个必然趋势，但何谓产业融合，笔者在前文并没有下一个明确的定义。所谓产业融合，是指在时间上先后产生、结构上处于不同层次的农业、工业、服务业、信息业、知识业在同一个产业、产业链、产业网中相互渗透、相互包含、融合发展的产业形态与经济增长方式，是用无形渗透有形、高端统御低端、先进提升落后、纵向带动横向，使低端产业成为高端产业的组成部分、实现产业升级的知识运营增长方式、发展模式与企业经营模式。乡村产业融合是由产业融合的概念衍生而来，通常指以农村的经济发展为目的，以第一产业为基础产生延伸链条，连接第二产业与第三产业，从而打通乡村第一、第二、第三产业的界限的一种发展思路和方式。乡村产业的融合能够促进乡村传统产业的创新，推进乡村产业发展与结构的优化，同时推动区域经济一体化发展，这对于乡村发展具有非常积极的意义。

在电子商务出现以前，乡村第一、第二、第三产业虽然也有融合的部分，但由于各产业之间存在明显的界限，产业融合仅停留在一个较为浅显的层面。而电子商务的出现有效打破了各产业之间的界限，使乡村产业之间的融合得以进一步深化。其实，就电商发展本身来看，虽然农村电商是借助互联网逐渐发展起来的，但归根结底，其基础是实体经济，所以要想实现农村电商的可持续发展，就需要将农村电商与乡村的传统产业进行有效的融合，同时推动乡村传统产业之间的融合，从而实现产融协调进步。

---

[1] 文丹枫. 加快县域电商园区升级 促进农业农村服务体系数字化转型 [N]. 湖南日报, 2020-09-17(6).

二、农村电商助推落后乡村的精准扶贫

（一）农村电商助推落后乡村精准扶贫的结构体系

精准扶贫是相对粗放扶贫而言，是在我国长期的扶贫工作实践中不断总结而成的思想，针对的是"扶贫对象不明、贫困原因不清、扶贫资金与项目指向不准、扶贫措施针对性不强"等问题，旨在使扶贫资源更多、更准确地向贫困人口倾向。[1] 精准扶贫包含三个方面的内容：一是贫困人口的精准识别，这是精准扶贫的前提，没有精准的识别，扶贫资源也便无从倾斜；二是精准帮扶，即针对所识别的贫困人口采取针对性的帮扶措施，提高扶贫的效果；三是精准管理，即跟踪监督扶贫的过程与成果，一方面确保扶贫工作的有效进行，另一方面以此作为扶贫工作考核的依据。

精准扶贫的思想最早是在2013年提出的，其最终目标是为了帮助贫困地区的人口摆脱贫困。从精准扶贫包含的内容可知，精准扶贫可分为识别、措施、管理三个阶段，在这三个阶段中，农村电商能够发挥作用的阶段是精准扶贫的措施阶段，简单来说，便是将农村电商作为一项助力乡村脱贫的举措。以目前农村电商在精准扶贫中应用的情况来看，农村电商之所以能够在精准扶贫中发挥一定的效用，是因为农村电商的发展不仅能够促进乡村产业的优化，还能够带动贫困地区人口的创业和就业，从而促进当地农民收入的提高。具体框架可参考图4-1。当然，在具体的实践操作中，农村电商精准扶贫的覆盖是逐步展开的，首先实现对贫困县的覆盖，然后逐渐精准到贫困村和贫困户，最终实现全地区的脱贫。

---

[1] 邓小海.旅游精准扶贫理论与实践[M].北京：知识产权出版社,2016:32.

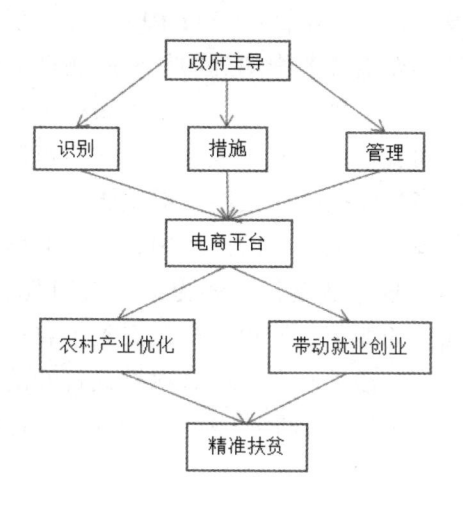

图 4-1　农村电商助推落后乡村精准扶贫的结构框架图

（二）农村电商助推落后乡村精准脱贫的具体案例

以河南省濮阳县梨园乡为例。在发展农村电子商务之前，梨园乡是全省备受关注的贫困地区之一，而京东金融入驻梨园乡之后，带动了梨园乡经济的发展，帮助梨园乡摘掉了贫困的帽子。

京东农村金融是农村电商发展的一种模式，这是京东对电子商务下沉乡村的一种探索与创新。京东农村金融从两个环节入手：一是农村农业的生产环节，围绕农村农业生产，京东农村金融实行全覆盖的方式，即从农业的种植一直到农产品的销售，京东农村金融全面融入，为农户提供全方位的支撑；二是农村村民的消费生活环节，京东农村金融为村民提供与他们生活消费有关的金融服务，如保险、理财等。由于农村市场电子商务人才较少，为了保障该模式切实落地，京东凭借其企业知名度引进了大量的人才，组建了农村金融服务部门与团队。

京东金融模式进入梨园乡之后，结合梨园乡的农业优势，联合梨园乡的贫困人口构建肉羊养殖计划。该计划的实施由京东农村金融领导，京东农村金融为村民提供技术支持，村民负责养殖肉羊，当肉羊达到一定的标准后，京东农村金融按照一定的价格收购。相对于外出打工而言，在家乡养殖不仅不用背井离乡，养殖的收入还比外出打工更为可观，但因为养殖同样存在风险和困难，所以很多农民不敢轻易尝试。京东农村金融的模式以电商和金融为支撑，使农村经济发展形成了闭环，帮助农民解决了很多问题和困难。在养殖计划阶段，农民缺乏资金和技术，京东农村金融以一个较低的利息为农民提供贷款，帮助农民采购相关的技术设备；对于不懂设备技术的农民，京东农村金融为他们提供技术上的指导，并且在养殖环节中遇到的任何问题都可以向京东农村金融的技术人员进行咨询；当牲畜养殖出栏之后，京东农村金融负责回购，解决了牲畜的出售问题。这一系列流程的顺利完成使村民的养殖避免了很多风险，提高了养殖的收益，帮助很多村民摘掉了贫困户的帽子。

在河南省濮阳县梨园乡精准扶贫的案例中，农村电商的作用尤其重要。农村电商不仅带来了资金、技术的支持，还为更多人创造了就业和创业的机会，更重要的是带来了观念上的变革，让更多村民看到了农村电商的作用，并纷纷尝试电子商务。与此同时，借助京东农村金融模式打开的良好开端，梨园乡大力开展周边产业，又进一步促进了梨园乡经济的发展，促使梨园乡在脱贫的道路上越走越远。

三、农村电商助推乡村网络生态的形成

（一）农村电商助推乡村组织的发展

在本书第一章第二节对乡村振兴战略实施重点的论述中，乡村组织振兴是五个实施重点之一，这是因为组织是乡村治理的基础单元，是推动乡村振兴战略实施的重要力量，只有不断推进乡村组织的振兴，才能为乡村振兴提供强大的组织保障。目前，乡村发展存在的一个关键问题就是乡村人口结构的失衡，乡村中很多富有新知识、新思想、新技能的青年人都迁移到了城市中发展，这就导致乡村组织的发展面临着"后继无人"的尴尬境地。为了应对这一问题，各地推出了多种引导青年人返乡的政策，包括大学生村官政策，这些政策在一定程度上缓解了乡村人口结构失衡的问题，也缓解了乡村组织用人的难题。在这种背景下，农村电商的发展无疑能够吸引更多富有新知识、新思想、新技能的青年人返乡、下乡，这些来到乡村的"新的活力""新的血液"为乡村组织的发展提供了充足的储备力量，也为乡村振兴提供了充足的人才支撑。

（二）农村电商助推乡村生态环境的改善

实现乡村的生态振兴是乡村振兴的具体目标之一。从表面上来看，农村电商与乡村生态环境之间没有直接的关联，但如果对电商和农村产业的关系进行深入的剖析，将不难发现农村电商在助推乡村生态环境改善上的作用。首先，农村电商在农业中的应用打破了传统农业销售的方式，建立了城市消费者与乡村生产者之间的联系与信任，这促使了农业生产方式的转变，即由于城市消费者追求农产品的安全、绿色、健康，所以农业生产要减少甚至杜绝农药和化肥的使用，从而能够实现对原有产业环境友好型的改造。其次，农村电商的发

展进一步带动了乡村旅游的发展,而乡村旅游的发展进一步促进了乡村生态环境的改变。城市居民对于乡村生活和环境的向往来自乡村美好的生态环境,在这种要求下,要想吸引更多城市居民到乡村旅游,要想实现乡村旅游的可持续发展,就必须在生态环境上做出努力,保护和改善生态环境,打造乡村旅游品牌。当然,农村电商在助推乡村生态环境改善的同时也带来了一些潜在的问题,如物流快递会使用大量的包装与捆扎材料,游客会产生一些生活垃圾,但这些问题都是可以控制的,采用物流包装新技术,加大宣传和约束便可以将影响降低到最小。

(三)农村电商助推乡风文明的振兴

乡风文明同样是乡村振兴的目标之一,旨在促进乡风文明的传承和创新。在社会不断发展的过程中,如何传承乡风文明成了一个备受人们关注的问题。乡风文明有精华,也有糟粕,这些精华的内容需要我们传承,但传承并不代表着一成不变,还需要将其与社会和时代相结合,这样才能焕发其活力,从而促使乡风文明在传承的过程中不断创新和发展。农村电商对乡风文明的助推作用不仅体现在促进其传承上,还体现在促进其创新和发展上。首先,在促进乡风文明传承的层面,乡村电商作为一个开放的平台,就像是人们了解乡风文明的一个窗口,人们在购买农产品的过程中,也相应地了解了当地的乡风文明。另外,乡村旅游电商的发展在一定程度上也依托于当地的乡风文明,而借助电商平台对乡村旅游的宣传以及游客的来访,也能够促进当地乡风文明的传播,进而提高人们对当地乡村文明的关注度。其次,从乡风文明创新发展的层面来看,当地的乡风文明逐渐获得一些关注度后,一些人便会开始围绕乡风文明的元素进行一些创新性的设计,这些创新性的设计如果能够获得人们的喜爱,就不仅能够带动经济效应,还能够促进乡风文明进一步传播和发展,这对于乡风文明振兴而言具有非常积极的意义。

总之,乡村网络生态的形成涉及乡村发展的方方面面,既需要乡村组织的支持,也需要良好的乡村环境和乡风文明来体现和维持。就上述几点条件而言,农村电商的发展虽然不能产生直接的效用,但却能够间接地产生一定的效用,从而助推乡村网络生态的形成。

第二节 乡村振兴战略为农村电商发展提供新机遇

一、乡村振兴战略为农村电商发展提供政策支持

农村电子商务是转变农业发展方式的重要手段，是精准扶贫的重要载体。要通过大众创业、万众创新，发挥市场机制作用，加快农村电子商务发展，把实体店与电商有机结合，使实体经济与互联网产生叠加效应，从而推动农业升级、农村发展、农民增收。这与乡村振兴战略中的一些目标相契合，所以为了进一步发挥电子商务在促进乡村发展方面的作用，在乡村振兴战略实施的背景下，一系列的政策先后出台，为农村电商的发展提供了良好的政策支持。2015年，国务院颁布了《关于促进农村电子商务加快发展的指导意见》之后，农村电子商务的发展便引起了各级政府的重视，并且各级政府逐渐出台了相关的支持性政策，关于这一点，笔者已在第二章第二节进行了简要的阐述，所以在本小节的论述中，笔者主要针对2017年以后（即乡村振兴战略提出之后）的相关政策进行进一步的阐述，具体见表4-1。

表4-1 农村电子商务的支持性政策及其相关内容

政策颁布时间	政策名称	政策内容
2018年5月	《关于开展2018年电子商务进农村综合示范工作的通知》	深入建设和完善农村电子商务公共服务体系，培育农村电子商务供应链，促进产销对接，加强电商培训，带动贫困人口稳定脱贫，推动农村电子商务成为农业农村现代化的新动能、新引擎
2019年1月	《中共中央、国务院关于坚持农业农村优先发展做好"三农"工作的若干意见》	推进重要农产品全产业链大数据建设，加强国家数字农业农村系统建设。继续开展电子商务进农村综合示范,实施"互联网+"农产品出村进城工程
2019年5月	《关于开展2019年电子商务进农村综合示范工作的通知》	以电子商务进农村综合示范为抓手，加强农村流通设施建设，提升公共服务水平，促进产销对接，探索数据驱动打造综合示范"升级版"，构建普惠共享、线上线下融合、工业品下乡和农产品进城畅通的农村现代流通体系

续表

政策颁布时间	政策名称	政策内容
2019年12月	《关于实施"互联网+"农产品出村进城工程的指导意见》	建立完善适应农产品网络销售的供应链体系、运营服务体系和支撑保障体系，促进农产品产销顺畅衔接、优质优价，带动农业转型升级、提质增效，拓宽农民就业增收渠道，以市场为导向推动构建现代农业产业体系、生产体系、经营体系，助力脱贫攻坚和农业农村现代化
2020年5月	《"互联网+"农产品出村进城工程试点工作方案》	发挥"互联网+"在推进农产品生产、加工、储运、销售各环节高效协同和产业化运营中的作用，培育出一批具有较强竞争力的县级农产品产业化运营主体，建立完善适应农产品网络销售的供应链体系、运营服务体系和支撑保障体系
2020年6月	《关于做好2020年电子商务进农村综合示范工作的通知》	以信息化驱动农业农村现代化，夯实农村物流设施设备基础，健全农村电商公共服务体系，培育壮大农村市场主体，促进农产品进城和工业品下乡，满足人民群众美好生活需求
2021年2月	《中共中央、国务院关于全面推进乡村振兴加快农业农村现代化的意见》	加快完善县乡村三级农村物流体系，改造提升农村寄递物流基础设施，深入推进电子商务进农村和农产品出村进城，推动城乡生产与消费有效对接。促进农村居民耐用消费品更新换代。加快实施农产品仓储保鲜冷链物流设施建设工程，推进田头小型仓储保鲜冷链设施、产地低温直销配送中心、国家骨干冷链物流基地建设

二、乡村振兴战略为农村电商发展提供环境支持

农村电子商务的发展有两个重要的基础：一是网络基础，二是物流基础，任何一个基础存在欠缺都会影响农村电子商务的发展。乡村振兴战略作为一个指导乡村发展的重大战略，其为农村电子商务发展提供的环境支持主要体现在乡村网络基础设施建设和乡村物流体系建设两个方面。

（一）乡村振兴战略促进乡村网络基础设施建设

根据乡村振兴战略"三步走"的时间表可知，第二阶段的目标任务是：到2035年，乡村振兴取得决定性进展，农业农村现代化基本实现。农业现代化是相对于传统农业而言的，指以现代科学理念为基础，以现代科学技术和现代工业为手段，以现代经济科学为管理方式，创造一个高产、优质、低耗的农业生产体系和一个合理利用资源、保护环境、有较高转化效率的农业生态系统。虽然农业是农村经济的基础，在农村产业中占有非常重要的地位，但农业农村现代化并非单纯地指农业现代化，而是指农村社会经济生活的全面进步和现代

化，包括农民、农业、经济、社会制度等方面的现代化。[①]无论是狭义的农业现代化，还是广义的农村农业现代化，都需要现代科学技术的支撑，尤其在信息技术不断发展的今天，农业农村现代化的发展离不开网络的支撑。因此，从乡村振兴战略实施的中期目标来看，加快乡村网络基础设施的建设是乡村振兴战略实施规划中不可或缺的一个组成部分。

目前来看，在相关政策的引导下，我国乡村网络基础设施建设的态势良好，乡村网络信息发展速度逐渐提高。以往，由于我国各个地区乡村发展基础存在一定的差距，乡村网络的基础设施建设也呈现出比较明显的区域化特征。而近些年来，随着我国乡村网络基础设施建设的不断完善，这种区域差异逐渐减小。截至2020年12月，我国农村地区互联网普及率为55.9%；在网络覆盖方面，贫困地区通信"最后一公里"被打通，截至2020年11月，贫困村通光纤比例达98%。[②]网络是乡村电子商务发展的重要基础，没有网络，乡村电子商务便无从谈起，而我国乡村网络基础设施建设的良好态势无疑为乡村电子商务的发展提供了基础支持。

当然，从我国乡村网络信息基础建设的整体情况来看，虽然多数地区打通了通信的"最后一公里"，但有些乡村的网络信息基础设施建设水平有待进一步提高。例如，有些乡村的网络信息服务站存在设施落后或不健全的情况，并且存在人员配备不足的情况，这些都在一定程度上影响了乡村网络信息基础设施建设的水平，从而影响乡村电子商务的进一步发展。但随着乡村振兴战略的不断推进，以及乡村基础设施建设工作的不断深入，我国乡村网络信息基础设施建设的水平也会随之不断提升，并为乡村电子商务的发展，乃至农村农业现代化的发展提供完善的网络信息支撑。

（二）乡村振兴战略促进乡村物流体系的建设

针对乡村物流体系的建设，《中共中央、国务院关于全面推进乡村振兴加快农业农村现代化的意见》明确指出："加快完善县乡村三级农村物流体系，改造提升农村寄递物流基础设施，深入推进电子商务进农村和农产品出村进

---

① 王淑贤,郝云宏.农村现代化的基本含义和主要特征[J].延安大学学报（社会科学版）,1999(4):19-25.
② 中国互联网络信息中心.CNNIC发布第47次《中国互联网络发展状况统计报告》[R/OL].（2021-02-03）[2021-02-15].http://cnnic.cn/gywm/xwzx/rdxw/20172017_7084/202102/t20210203_71364.htm.

城,推动城乡生产与消费有效对接。"①作为连接乡村和外界的一个"通道",乡村物流体系的建设具有非常重要的意义。从农村发展的层面来说,乡村物流体系的建设有助于促进城乡的融合发展,这是乡村振兴战略的一个重要目标。而要实现城乡之间的融合发展,就要求城乡要素之间能够实现有效的双向流动,物流无疑是支撑城乡之间双向流动的重要桥梁。从农村电子商务发展的角度来看,物流是解决商品流通的关键,只有完善的物流体系,才能将不同产业链环节紧密结合起来,使商品的流通一路绿灯,从而最大限度地节约成本,增加利润产出,进而在利润的驱动下促进农村电子商务的进一步发展。

　　物流体系之所以称为体系,是因为该体系中包含多个元素,如仓储、运输、包装、装卸、配送、物流信息等,这些物流的子系统共同构成了物流这个大体系。任何一个子系统出现问题都会影响整个体系的运转效率,所以乡村物流体系的建设是一个系统的工程。但相对而言,在物流体系的各个子系统中,运输是最为基础的一个,也是最为关键的一个,如果没有运输,仓储也便没了意义,同时也没有了后续的装卸、配送等内容。而商品运输依靠的是完善的道路系统。俗话说"要想富,先修路",话语虽然质朴,但却直观地指出了道路建设的重要性。其实,从国家重视道路系统建设开始,我国道路系统的建设就一直在稳步进行着,包括乡村道路系统的建设。《中共中央、国务院关于全面推进乡村振兴加快农业农村现代化的意见》又进一步指出:"继续把公共基础设施建设的重点放在农村,着力推进往村覆盖、往户延伸。实施农村道路畅通工程。"②

　　对于农产品来说,因为很多农产品需要保鲜、保质,所以除了道路系统的建设,冷链物流的建设也不可或缺。冷链物流是以冷冻工艺学为基础、以制冷技术为手段的低温物流过程,旨在减少食品损耗,保证食品质量。农村电子商务平台中贸易的商品很多都是农产品,与其他商品不同,很多农产品易腐烂、变质,一旦出现这种情况,不仅会造成经济上的损失,还会造成信用上的损害,从而影响农村电子商务的发展。基于农产品的这一特质,必须要建立冷链物流,才能确保农产品保质、保鲜地运送到消费者手中。《中共中央、国务院关于全面推进乡村振兴加快农业农村现代化的意见》也指出:"加快实施农产品仓储保鲜冷链物流设施建设工程,推进田头小型仓储保鲜冷链设施、产地低

---

① 中共中央 国务院关于全面推进乡村振兴加快农业农村现代化的意见[J].中华人民共和国国务院公报,2021(7):14-21.

② 中共中央 国务院关于全面推进乡村振兴加快农业农村现代化的意见[J].中华人民共和国国务院公报,2021(7):14-21.

温直销配送中心、国家骨干冷链物流基地建设。"①

在相关政策的引导下,我国各地冷链物流建设的态势良好,并逐渐向乡村延伸。以河南省为例,该省在国家宏观政策的指导下,推进"全链条、网络化、严标准、可追溯、新模式、高效率"的现代冷链物流体系建设,冷链基础设施体系不断健全,各类设施设备快速增加,冷链物流基地布局不断优化,"一中心、多节点、全覆盖"的冷链空间网络日益完善。截至2019年,全省冷库总容量为850万立方米,同比增长15%。口岸功能不断提升,已建成并常态化运营肉类、活牛、水果、冰鲜水产品、食用水生动物等冷链产品指定口岸,对壮大跨境冷链物流规模支撑作用明显增强。②不可否认,我国冷链物流发展虽然取得了长足的进步,但与先进国家和地区相比还存在一定的差距,如冷链物流标准和服务规范体系不健全、冷链物流高技能人才与复合型人才匮乏等,这制约着我国冷链物流的进一步发展。因此,各地区需要在乡村振兴战略的总体规划下,立足各地区发展的实际情况,为冷链物流的发展做好全面的工作部署,完善冷链物流的空间网络布局,从而推动冷链物流的健康可持续发展。

三、乡村振兴战略为农村电商发展提供人才支持

农村电子商务对于促进乡村的发展具有十分重要的作用,不仅推动了乡村农业产业的转型和升级,还促进了乡村第一、第二、第三产业的融合,同时对乡村物流体系建设的助推作用也有利于实现城乡的融合发展。目前来看,农村电子商务具有广阔的发展前景,但与之对应的人才发展状况却并不理想。2020年6月10日,中国农业大学智慧电商研究院发布《2020中国农村电商人才现状与发展报告》,对未来农产品上行电商人才需求做出预估:2025年,中国农村电商人才缺口将达350万人。

人才是支撑农村电子商务发展的一个重要基础,缺乏人才支撑,农村电子商务的可持续发展将难以得到有效的保证。其实,就市场发展过程来看,广阔的市场前景必然会吸引大量人才的流入。但是,农村电子商务的发展却明显出现了人才发展滞后的现象,这种现象的出现主要有以下两点原因。

其一,高学历、高技能人才引进难,且流失严重。随着农村电子商务的发展,越来越多的人参与到这股浪潮中,但由于乡村发展等相关因素的限制,参

---

① 中共中央 国务院关于全面推进乡村振兴加快农业农村现代化的意见[J].中华人民共和国国务院公报,2021(7):14-21.
② 马健,苏国宝.河南商务发展报告(2020)[M].北京:社会科学文献出版社,2020:153.

第四章 珠联璧合：乡村振兴与农村电商融合交汇

与农村电商的人才大多是中等文化水平，其中小学文化占比为1%，初中文化占比为50%，高中文化占比为32.5%，大学文化占比仅为16.5%。[①] 相较于乡村而言，城市具有更多的发展机会，所以很多高学历人才毕业后的第一选择都是城市，导致乡村难以引进电子商务专业人才。另外，一些毕业后选择到乡村发展的高学历人才在开展具体工作时，种种客观因素的存在限制了他们能力的进一步发挥，进而导致这些到乡村发展的高学历人才无法长时间留在乡村发展。

其二，人才培养难。乡村电子商务人才的发展一是靠引进，二是靠培养。因此，在引进高学历人才的同时，也需要同步展开对当地人才的培训。相对于引进的人才数量来说，本地人才具有数量上的优势，而且多为本地居住的村民，流失的可能性较小。但信息化发展程度、消费习惯、传统观念以及受教育程度等因素一定程度上阻碍了他们对新鲜事物的学习和接受，影响了农村电子商务的发展。

关于乡村振兴对人才的需求，《中共中央、国务院关于全面推进乡村振兴加快农业农村现代化的意见》明确指出："加强党对乡村人才工作的领导，将乡村人才振兴纳入党委人才工作总体部署，健全适合乡村特点的人才培养机制，强化人才服务乡村激励约束。"[②] 所谓乡村人才，在本书第一章第二节已有概念的界定，即一切能够在乡村这一广阔天地大显身手、大施所能的人都属于乡村人才。如果做进一步的解读，可将乡村人才大致分为五大类：一是经营型人才，指主要从事农业经营、农民合作组织等生产经营活动的劳动者，如农民专业合作社负责人、农村经纪人、农业生产服务人才等。二是生产型人才，指在农村种植、养殖、加工等领域达到较大规模，且具有一定示范带动效应、帮助农民增收的业主或骨干技术人员，如人们常说的种植能手、养殖能手、加工能手等。三是技能型人才，即具有某方面的特长，或掌握某种技能的实用性人才，如农村中常见的石匠、木匠、漆匠等手工业者。四是专业型人才，指从事农村医疗、农村教育等公共服务领域的专业技术人才，他们往往掌握有专业性的知识与技能，如教师、医生。五是服务型人才，指在乡村文化、体育、社会保障等领域提供服务的人才，如维修技术人员、文化艺术工作者、实体店或电商从业者。

---

① 中国农业大学智慧电商研究院. 2020中国农村电商人才现状与发展报告[R].北京：中国农业大学智慧电商研究院,2020.

② 中共中央 国务院关于全面推进乡村振兴加快农业农村现代化的意见[J].中华人民共和国国务院公报,2021(7):14-21.

在对乡村人才的解读中，电商从业者属于第五类人才，即服务型人才。对人才的划分可以帮助我们从理论层面对乡村人才有更为深入的理解，但从现实层面来看，这种人才的划分并不能将从事某一行业人才的内涵完全展现出来，尤其在产业融合发展的今天，人才与人才之间的界限越来越模糊。因此，乡村振兴战略中提出的人才振兴也没有明确限定人才的种类。而在乡村振兴战略对人才发展的总体引导下，针对农村电子商务方面的人才发展，各地都颁布了不同的政策性文件，这些政策在促进农村电子商务人才培养中发挥了积极的作用。

在乡村振兴战略的指导下，随着党中央和各地区一系列有关电子商务人才发展政策的出台，农村电子商务人才发展的缺口将得到一定程度的缓解。虽然从对《2020中国农村电商人才现状与发展报告》的解读中可知，农村电商发展的人才缺口在一个较短的时间内会继续维持在一个较高的数量上，但随着乡村的不断发展，随着乡村振兴战略的逐步推进，越来越多的人才将会选择到乡村发展，进而推动农村电子商务的可持续发展，并助推乡村振兴的进程。

第三节 乡村振兴战略下农村电商发展面临的新挑战

随着电子商务的不断发展，电子商务逐渐向乡村进军，并在较短的时间内实现了快速的发展，而乡村振兴战略的实施为农村电子商务的发展提供了新的机遇，农村电子商务已迈入天时地利人和的历史机遇期，迎来全面井喷的黄金时代。目前来看，农村电子商务已经发展到了一个新的阶段，已经与乡村发展逐渐融合。但与此同时，随着乡村振兴战略的逐步推进，农村电子商务也不可避免地迎来了新的挑战。从某种层面上来说，挑战也是机遇，但我们只有能够正确认识这些挑战，并勇于面对挑战，才能将挑战转化为机遇，从而实现农村电子商务的可持续发展。

一、农产品上行遇到瓶颈

所谓农产品上行，简单来说就是将农产品进行标准化、规模化、商品化和品牌化之后销往城市。虽然农产品是我们生活的必需品，不需要对其做太多的销售运作，但是如果要实现农产品的上行，便需要为农产品打上标准化、规模化、商品化甚至品牌化的标签。目前，很多农户虽然已经开始接触电子商务，将农产品放到电子商务平台上进行销售，但并不知道仅仅将农产品放到电子商务平台上，为其打上"苹果""樱桃"的标签，并不能将其销售出去，而需要将这些农产品区别于其他产品的特征呈现出来，使其在农产品的性质基础上具备商品性质，甚至形成属于自己的品牌，才能吸引更多的消费者。而且，作为人们衡量产品品质的一个依据，当人们对产品安全度无法确认的时候，品牌通常会在很大程度上影响着人们的判断。因此，实现农产品的商品化和品牌化是突破农产品上行瓶颈的关键。

另外，就农产品而言，食品安全是消费者最为关心的，但目前农产品的生产大多没有形成标准化的流程，其种植过程不透明、不可追溯，导致很多消费者对这些农产品敬而远之。目前，随着农村电子商务的不断发展，一些逐渐规模化的企业开始追求标准化的生产，并将种植的过程通过互联网平台进行公开，打消了消费者对于食品安全的担忧。另外，还有一些农产品企业进行了"三品一标"的认证，即无公害农产品、绿色食品、有机农产品和农产品地理标志的认证，这是农产品标准化、家庭农场进行绿色管理和绿色营销的重要措施，能够极大提高消费者对农产品安全的信任程度。对于一些规模较大的农产品企业，无论是农产品"三品一标"的认证，还是农产品的品牌化，都具有落实的可行性。但目前乡村中还存在很多规模较小的家庭农场，对于他们而言，无论是在思想观念上，还是在经济基础上，要实现农产品的标准化、规模化、商品化和品牌化都存在很大的困难。由此可见，乡村农产品的上行之路仍然是任重而道远。

二、农村电商发展模式趋于同质化

随着城市电子商务的发展，城市电子商务的市场逐渐饱和，而乡村作为一个正在被开垦的"土地"，其表现出的广阔前景是显而易见的。正是基于对乡村电子商务广阔前景的认识，各大电商平台纷纷开始了在乡村的布局，虽然各大平台对其布局的说法不同，但通过对淘宝、京东和苏宁三大电商在乡村发展的模式进行分析可以发现，其发展模式大同小异。简单来说，三者的模式大致包含以下三点。

第一，以县域为基本单位建立一个运营中心，淘宝和京东称之为"县级服务中心"，苏宁则取名为"县级运营中心"。该运营中心一般配备10人左右的团队，负责整个县域内电子商务有关的运营工作。

第二，以村为单位建立一个服务站。农村电子商务发展的一个重点就是渠道下沉，仅仅有一个县级运营中心是远远不够的，县域要一直下沉到村。但下沉到村之后会面临很多的问题，如很多年龄较大的村民不会网购、没有网银,退换货操作麻烦,等等。为了解决这一问题,各大平台在村里建立了服务站,三大电商平台对服务站的叫法不同,淘宝称之为"服务站",苏宁称之为"易购服务站",京东则称之为"乡村推广员",但其功能类似。服务站里配备的工作人员可以帮助不会网购的人在网上购买物品,还负责物流的收发和退换货。

第三,为了进一步下沉到乡村,解决常被人提及的"最后一公里"的问题,三大电商平台开始着手构建一个城乡配送体系。目前通用的城乡物流配送流程里,县运营中心扮演着物流中转站的角色,村民购买的商品先通过现有的各大物流渠道送到县运营中心,县运营中心的员工按照村子进行分拣、装包,然后再将包裹配送到村服务站,村民去村服务站取包裹。其实,城乡物流体系之所以困难,很多乡村之所以还存在"最后一公里"的问题,是因为乡村配送的成本太高,很多快递企业都无法消化如此高昂的成本,但随着乡村电子商务的发展,当乡村的快递逐渐增多,配送的成本也会随之降低,那么城乡物流体系的建设也便不再是一个难题。

当上面提及的三步完成之后,农村电商发展的框架也便搭建完成,后面的工作便是如何运营。从三大电商平台布局的模式来看,同质化现象非常严重,这种同质化其实不应该成为问题,但在搭建起农村电商运营的基本框架后,后续如何运营,尤其是如何维持入驻农户的运营就成为一个日渐凸显的问题。从某种层面上来说,网店的运营是农户自身的问题,如果农户能够有效地运营,便可以实现上文提到的农产品的上行,从而实现农村电商的可持续发展。但就现实情况来看,依靠农户自己实现农产品的上行仍然是一个问题,一个解决方法就是平台借助其完善的体系来帮助这些小规模的农场实现农产品的上行。然而,在争相模仿和竞争过程中,三大电商平台显然都没有将这一点考虑在内,也没有基于这一问题寻求模式上的创新。或许随着三大电商在农村布局的不断深入和推进,一些新的模式会被逐渐探索出来,很多问题可以迎刃而解,但目前来看,农村电商发展趋于同质化仍旧是一个巨大的挑战。

三、农村跨境电商发展道路艰难

跨境电子商务是指分属不同环境的交易主体,通过电子商务平台达成交易、进行支付结算,并通过跨境物流送达商品、完成交易的一种国际商业活动。[①] 传统的农村电子商务与农村跨境电子商务虽然都是通过电子商务平台完

---

① 傅龙海.国际贸易理论与实务[M].北京:对外经济贸易大学出版社,2018:22.

第四章 珠联璧合：乡村振兴与农村电商融合交汇

成交易的，但由于商品的运输需要跨越国境，所以在交易模式上存在些许的差别，即跨境电商还需要经过跨境物流、出入境清关等多个环节才能完成交易。随着经济全球化进程的不断加快，跨境电商在我国进出口贸易中发挥着越来越重要的作用。作为电子商务的组成部分，农村电子商务在快速发展的过程中也逐渐打开了跨境贸易的大门，这对于农村电子商务的发展而言既是机遇，也是挑战。

机遇显而易见，经济与信息全球化使农村电子商务发展的市场更加广阔，而广阔的市场前景也自然代表着更多的机遇。以河南省为例，2018年，全省跨境电商进出口交易额为1 289.2亿元，同比增长25.8%。2019年1—4月，全省跨境电商进出口交易额为528.1亿元（含快递包裹和海关数据），同比增长23.0%，虽然比上年同期有所收窄，但仍旧保持着较高的增长率。其中，出口382.9亿元，同比增长22.6%；进口145.2亿元，同比增长24.1%。快递包裹出口3 012.5万件，货值65.9亿元，同比增长15.3%。[1]虽然该数据没有具体显示出农村电子商务的占比，但从出口的商品（蜂制品、陶瓷、香菇、茶叶、玉制品、艾草制品）可知，农产品在其中占有一定的比重。

至于挑战，主要是因为农村电子商务发展仍旧存在不成熟和不完善的地方，面对全球市场，那些不成熟和不完善的地方会被进一步放大，从而导致农村跨境电子商务发展的道路变得倍加艰辛。这些不成熟和不完善的地方有些在前文已经提到，如农村农产品品牌化不足、高学历与高技能的复合型人才缺乏等。另外，跨境电子商务还有一些针对性的不足之处，主要表现在两个方面。其一，国际标准不统一，导致维权困难。虽然全球化的进程在不断加快，各国之间的文化、经济在不断交融，但各国之间针对跨境电商的法律条文以及市场监管体系并不统一，所以当商品出现问题的时候，应该依据哪一方条款进行维权往往会引起关注，其负面舆论还会影响电子商务营业的绩效，尤其是农产品具有独特的属性，在一定程度上增加了跨境电商交易的风险。其二，物流服务支撑相对落后。在前文笔者曾多次指出物流体系对电子商务发展的重要性，目前国内物流体系的建设正在逐步完善，但由于跨境电商涉及跨境物流，而就目前跨境物流发展的现状来看，仍旧存在服务支撑相对落后的问题，这在一定程度上限制了农村跨境电子商务的发展。总之，在经济全球化的今天，农村跨境电子商务已成为农村电子商务发展的一个必然方向，也成为促进乡村发展的重要推力，但不可否认的是，其前路依旧漫漫，需要我们不畏艰难地继续上下求索。

---

[1] 马健，苏国宝. 河南商务发展报告(2020)[M]. 北京：社会科学文献出版社，2020:113.

第四节　农村电商与乡村振兴战略的促进融合之道

乡村振兴战略，是在对关系国计民生的"三农"这一根本问题进行系统研判之后提出来的，它是一个系统性、综合性、全局性的发展战略。乡村振兴战略的提出让很多人眼前一亮，其内容非常丰富，对农村的发展具有重大意义。作为一个系统性、综合性、全局性的发展战略，实施乡村振兴战略不仅是推动农业农村发展繁荣的重大决策，还是推动新型城镇化大发展的重要内容，而且与深入推进市场经济持续健康发展和把我国建设成为富强民主文明和谐美丽的社会主义现代化强国有重要关联，充分体现了党中央、国务院对"三农"工作的高度重视。[①]

实施乡村振兴战略必然开启新时代中国农业农村发展变革的新征程。富裕繁荣的乡村既是中华民族伟大复兴的目标，又是中华民族伟大复兴的基本条件。2018年中央一号文件所提出的目标任务为：到2020年，乡村振兴取得重要进展，制度框架和政策体系基本形成；到2035年，乡村振兴取得决定性进展，农业农村现代化基本实现；到2050年，乡村全面振兴，农业强、农村美、农民富全面实现。毫无疑问，由此可得，乡村振兴是全面建成小康社会的终点，是建成富强民主文明和谐美丽的社会主义现代化强国的起点。

无论是从乡村振兴战略的短期目标去看，还是从其长期目标去看，农村电子商务的发展无疑能够推动上述目标的实现。农村电子商务的出现改变了农村原有的商业运营模式，推动了农村产业的变革与升级，促进了乡村经济的进一步发展。随着互联网的全面覆盖，我国农村电子商务蓬勃发展，一方面将大量的工业品、消费品输送到乡村，对繁荣农村消费、活跃农村流通发挥了积极的作用；另一方面，电子商务拓宽了农产品销售的渠道，同时带动了乡村旅游、乡村教育和金融服务等方面的发展，促进了农民收入的提升。近些年来，越来越多的乡村依托电子商务改变了贫困的面貌，实现了经济的发展。其实，从这一层面去看，农村电子商务与乡村振兴战略具有目标上的一致性，即促进乡村的发展，推动农业强、农村美、农民富的全面实现。

当然，农村电子商务在快速发展的同时，也遇到了诸多的挑战和瓶颈，这些挑战和瓶颈限制了农村电子商务的进一步发展。而为了助力农村电子商务的

---

① 刘艳梅.中国农村改革40年[M].石家庄：河北人民出版社,2019:252.

第四章 珠联璧合：乡村振兴与农村电商融合交汇

发展，各级政府先后多次出台了相关的政策文件，包括在 2021 年 2 月 21 日出台的《中共中央、国务院关于全面推进乡村振兴加快农业农村现代化的意见》也明确提出了相关的指导性意见："加快完善县乡村三级农村物流体系，改造提升农村寄递物流基础设施，深入推进电子商务进农村和农产品出村进城，推动城乡生产与消费有效对接。促进农村居民耐用消费品更新换代。加快实施农产品仓储保鲜冷链物流设施建设工程，推进田头小型仓储保鲜冷链设施、产地低温直销配送中心、国家骨干冷链物流基地建设。完善农村生活性服务业支持政策，发展线上线下相结合的服务网点，推动便利化、精细化、品质化发展，满足农村居民消费升级需要，吸引城市居民下乡消费。"[1]

各级政府之所以如此重视农村电子商务的发展，归根结底就是因为电子商务在促进农村发展方面能够发挥重要的作用，这些作用的发挥将助推乡村振兴战略的实施，所以乡村振兴战略对农村电子商务的支持也就是对自身战略的支持，两者之间是一种相互促进、相互融合的关系，而不是各自孤立的。并且这种相互促进、相互融合的关系可以产生 1＋1＞2 的效果，进而助推乡村的发展，助推富强民主文明和谐美丽的社会主义现代化强国的建成。

---

[1] 中共中央 国务院关于全面推进乡村振兴加快农业农村现代化的意见[J]. 中华人民共和国国务院公报, 2021(7):14-21.

第五章　断鳌立极：基于产业特色的农产品电子商务平台建设

第一节　农产品电子商务平台系统需求

一、地方特色农产品的推广需求

特色农产品指在特定地理区域和环境条件下形成的，具有很强的区域色彩，且是其他不具有此种特殊自然环境的区域所不能模仿和生产的农产品。[①] 特色农产品一般具有两个基本特征：一是生产的地域性，二是品质的优良性，两者缺一不可。特色农产品一般对环境条件有着特殊的要求，这些环境条件很难通过人工的方式模拟，一般只能在自然条件下产生，而这些自然条件一般只有在特殊的地域才具备，因此呈现出明显的地域性。其实，某个地域内的农产品种类非常多，但能够成为特色农产品的只是少数，这是因为特色农产品还需要具备优良的品质，只有品质优良才能获得大众的喜爱，才能带来较高的、持续的经济效益，所以优良的品质也是不可或缺的一个基本特征。

随着人们对生活水平的要求不断提高，越来越多的人对特色农产品产生了浓厚的兴趣，特色农产品的需求也因此与日俱增。但在选择特色农产品时，很多人受品牌效应的影响，总是会倾向于选择那些品牌效应较强的产品，这在很大程度上影响了一些没有形成品牌的特色农产品的销量，从而影响了农民收入的提高。造成某些地区农产品品牌效应不足的原因有很多：散户较多，他们大多缺乏足够的经济实力去推广品牌，导致这些农产品的销售市场更多时候只能局限于本地区；缺乏优质的物流体系保障，这对于需要保鲜的农产品来说至关重要，如果缺乏包装、预冷、冷藏运输等一条龙的物流冷链服务，就会导致本地区的农产品不能长距离运输，从而限制了产品品牌传播的范围。所以农产品电子商务平台系统建设的首要需求就是特色农产品的推广需求，要使更多地区、更多的特色农产品得以推广出去，使更多的人了解这些特色农产品，从而在品牌效应的影响下不断提高特色农产品的销量，促进农民收入的进一步提高。

[①] 王磊. 农业供给侧改革背景下的有效供给与农产品竞争力 [M]. 北京：九州出版社，2019:34.

二、业务功能需求

农产品电子商务平台是一个第三方的服务平台，用户对其业务功能的需求主要体现在安全性、易用性、交互性、稳定性几个方面。

（一）安全性

电子商务的出现改变了传统的营销模式，其具有的广阔发展前景是显而易见的。但是，从电子商务产生到现在，安全问题一直是人们关注的一个话题，如果不解决安全问题，电子商务的发展必然会受到限制。电子商务平台是高度开放的，从某种层面来看，这种开放性与大众要求的保密性和安全性是相互矛盾的，但这种矛盾是客观存在的，所以只有解决了电子商务的安全问题，才能将这种矛盾降到最低，提高人们对电子商务的信任度。人们之所以对电子商务的安全性表示担忧，一个重要的原因是电子商务涉及交易双方的财产安全，如果交易双方的财产信息被泄露或攻击，则可能造成严重的财产损失。因此，在建设农产品电子商务平台系统的时候，安全性是首先要考虑的功能性需求。目前，在农产品电子商务平台系统中应用的安全技术有加密技术、安全认证技术、网络安全协议等。就各大电商平台近些年发展的情况来看，这些安全技术基本满足了人们对于安全性的要求，这也是电子商务能够获得持续发展的一个重要因素。

（二）易用性

农产品电子商务平台面向的人群中有很多的农民，农民文化程度普遍较低，即便是一些文化程度较高的青年人，大多数也并非专业的计算机操作人员，如果平台的操作界面过于复杂，将会导致很多人由于不会操作而放弃对电子商务的尝试。因此，为了满足不同知识水平的用户，在建设农产品电子商务平台系统的时候一定要将易用性考虑在内，保证各个知识水平阶段的用户都能够便捷地进行操作。

（三）交互性

电子商务平台的性质是平台，其功能与市场类似，为商户和消费者提供了一个可以进行交流的平台，商户和消费者在这一平台上进行交流，然后就交流的情况决定是否进行后续的交易。基于电子商务平台的交流方式虽然与传统市场中的交流方式不同，但围绕的核心内容是一样的：商户尽可能提供有利于自己的商品信息，而消费者则需要尽可能多地了解自己想要了解的商品信息，商户提供的商品信息与消费者想要了解的商品信息的一致性越高，成交的概率就越大。入驻电子商务平台的商户需要对产品进行包装，然后将最可能吸引消费者的一面展现给消费者，这是商家与消费者的第一步互动，也是至关重要的一步，因为如果不能吸引消费者，便不可能有后续的交易，所以平台首先要满足商家多样化展示商品的需求，这是平台交互性的一个基本体现。此外，平台还要为商家和消费者提供对话交互功能，让消费者和商家能够就商品的信息做进一步的交流，出于消费者咨询远远大于商家人力这一情况的考虑，平台还可以增加人机交互界面，对于一些普遍性的问题可以提供人机互动的方式完成回答，从而节省商家的人力资源。总之，农产品电子商务平台发挥着农贸市场的作用，只有满足了商户和消费者交互的需求，才能促进交易的完成。

（四）稳定性

互联网时代，平台系统的稳定运行非常关键，原因是系统一旦出现故障，轻则暂时瘫痪，重则被有心之人侵入，从而造成财产上的损失。农产品电子商务平台系统同样如此。如今，随着电子商务的快速发展，网上购物的人越来越多，平台系统需要承载非常大的流量，尤其在活动期间，平台流量有时会瞬间增加，如果平台系统的稳定性较差，面对过大的流量时，极有可能出现故障，从而给交易双方带来财产和时间上的损失。因此，稳定性也是农产品电子商务平台系统建设中需要考虑的一个功能性需求。当然，即便是再稳定的系统，也不排除出现故障的可能，所以还需要考虑系统的容错性，这是对系统稳定性的一个补充，即当系统出现故障时，系统可以依靠自身的能力继续正确地执行其程序和交易功能，从而最大限度地降低系统故障带来的危害。

第二节 农产品电子商务平台系统设计

一、系统技术架构设计

（一）系统软件架构设计

农产品电子商务平台系统的软件架构设计包含基础应用层和应用系统层两方面。其中，基础应用层包含3个子层：数据库子层（内容包含公共数据、子系统数据）、支撑软件子层（内容包括操作系统、数据库管理系统、应用开发平台）、基础硬件子层（内容包括防火墙、数据库服务器、应用服务器）；应用系统层下没有子层，其内容主要包括在线商城模块、系统管理模块和农产品知识服务系统模块。

（二）系统硬件架构设计

农产品电子商务平台硬件架构的设计目的在于构建一个较规范的、安全的网络基础设施平台，其所必需的各项基本设备设施具体包括服务器、交换机、路由器、防火墙、VPN 设备、UPS 等，对各部分的性能要求如下。

（1）服务器：服务器均独立配置；要求每台服务器有 2 个以上处理器、4 GB 以上内存。

（2）交换机、路由器：企业级核心交换机；企业级路由器。

（3）防火墙、VPN 设备：企业级硬件防火墙，具备 VPN 功能。

（4）网络防病毒系统：针对 Windows 系统的服务器、数据库系统进行网络防病毒监控；对连接到专网的各接入点前置服务器的网络病毒防范；要求采用中央集中控制和管理。

（5）UPS：额定输出为 8 kW/10 kVA；输入电压为 165～265 V；输出电压为 220 V、240 V 或 380 V。

（三）系统网络架构设计

系统的网络架构中包含应用服务器、管理终端、数据库服务器、Web 服务器、防火墙以及电子钱包支付服务器。管理终端主要对业务进行管理，管理员通过管理终端连接到应用服务器对相关业务进行操作；数据库服务器、应用服务器和 Web 服务器是整个系统的核心部分，存储了本系统的业务数据、业务流程，通过系统服务器提供对外服务；电子钱包支付服务器为客户在线支付提供服务，电子钱包服务器可以是银行服务器；防火墙的作用主要是防止一些非法数据或程序对服务器进行攻击，对整个系统的业务进行保护。会员用户通过互联网的连接进入服务器，获取系统提供的业务数据，得到整个系统提供的服务。

二、系统功能设计

（一）在线商城模块

在线商城模块包含 3 个子模块：订单管理子模块、在线支付子模块、物流跟踪子模块。这 3 个子模块在不同的方面发挥着不同的作用。下面便依次就每一个子模块的具体功能设计做简要阐述。

1.订单管理子模块

订单管理子模块是完成交易的基础，因为只有生成了订单，才能有后续的支付、物流，所以在线商城模块中必须要有订单子模块。通过订单子模块中的管理系统，消费者可以在选择了自己喜欢的物品后完成线上下单交易，商家可以看到订单信息,并根据订单的支付情况为消费者提供相应的产品服务。订单生成后,订单的状态是变化的,主要有未付款、已付款、未发货、已发货、交易完成、退/换货、退款、订单取消等几种状态。而在订单状态不断变化的过程中,系统管理员时刻处于一种监督和维护的状态,以保障订单的顺利进行。通过分析订单管理子模块的运行方式和流程,我们可以将订单管理系统的功能归纳为四个方面:购物车管理、生成订单管理、处理订单管理和退(换)货管理。

(1)购物车管理。消费者在注册会员之后可使用购物车功能,消费者可以将有意向购买的物品加到购物车中,同时也可以对购物车中的商品进行修改或删除处理。同实际的购物车一样,购物车也有数量限制,当购物车的物品数量达到上限后,需要删除部分物品才能继续添加新的物品。购物车管理功能的设计思路如图5-1所示。

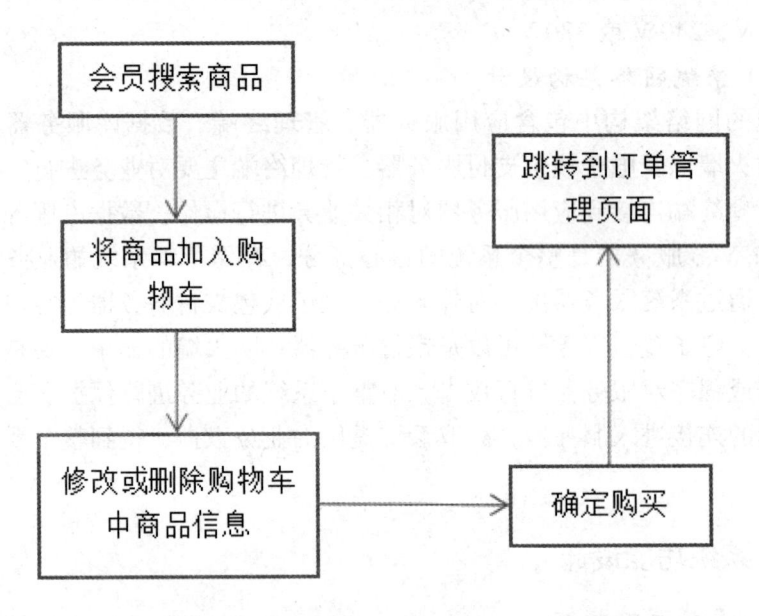

图5-1 购物车使用流程及其管理功能设计思路

(2)生成订单管理。消费者确定要购买的商品后,完善商品信息,提交订单,订单提交后消费者对初步生成的订单进行确认,然后进行支付,生成完整的订单。生成订单管理功能实现的设计思路如图5-2所示。

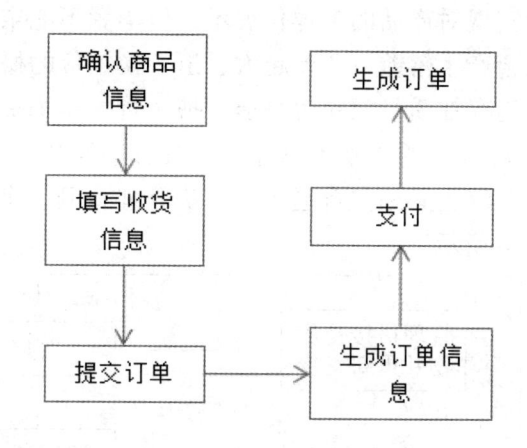

第五章　断鳌立极：基于产业特色的农产品电子商务平台建设

图 5-2　订单生成流程及其管理功能设计思路

（3）处理订单管理。消费者付款后，生成完整的订单，商家对订单进行审核处理，如果订单审核失败（如缺货），商家将信息反馈给消费者，然后做换货或退款处理；如果订单审核通过，商家将根据订单中包含的信息准备货物，并在约定的最短时间内发货，后续的发货流程将由平台自己的物流体系或与平台合作的物流公司来完成。从商家接到订单到处理订单发货，都有一个时间段，在这个时间段内，消费者有权取消订单并要求商家（或平台）退还自己已支付的货款。处理订单管理功能实现的设计思路如图 5-3 所示。

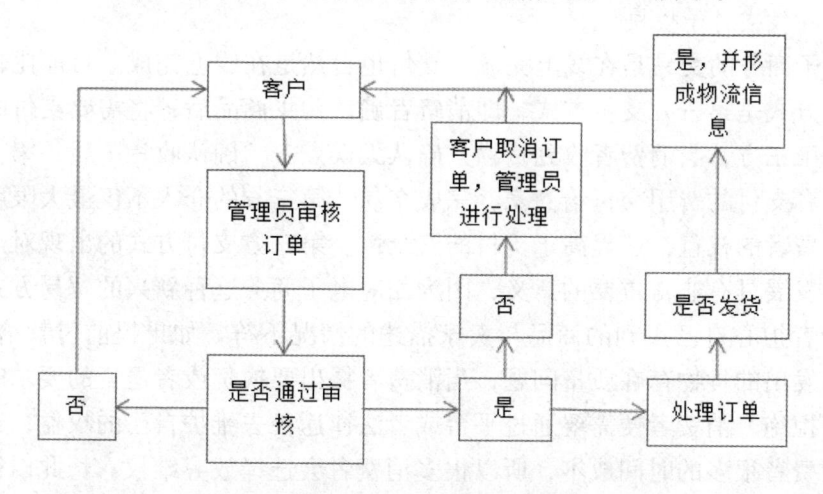

图 5-3　订单处理流程及其管理功能设计思路

（4）退（换）货管理。在前文，笔者指出了电子商务的隐蔽性，虽然通过电子商务平台可以实现对产品的多样化展示，但毕竟不能亲身体验，所以在看到实际产品的时候会产生落差，落差越大，退（换）货的概率越大。另外，验收货物后，发现货物存在质量问题也是退（换）货的一个重要原因。但无论因为什么，当消费者对收到的货物不满意时，便极有可能发生退（换）货的情况，所以订单管理系统也必须包含退（换）货管理。退（换）货管理功能实现的设计思路如图5-4所示。

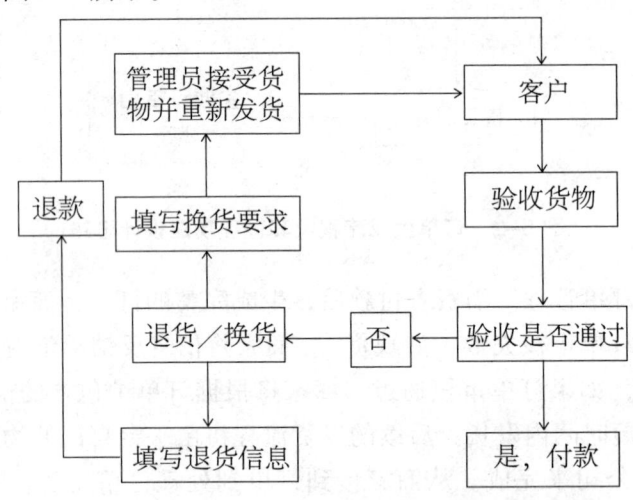

图 5-4 退换货处理流程及其管理功能设计思路

2.在线支付子模块

电子商务的交易是在线上完成，支付也自然是在线上完成。目前比较普遍的支付方式是第三方支付方式，即消费者确认购买商品后，将需要支付的费用支付给第三方，当消费者收到货物且确认无误点击"确认收货"后，第三方便将消费者支付的费用交付给商家，完成交易。第三方的介入不仅最大限度地保障了消费者的权益，还提高了支付的安全性。第三方支付方式的出现对于电子商务的发展具有非常重要的意义，因为面对电子商务这种新兴的贸易方式，很多消费者担心自己买到的商品与卖家描述的情况不符，如果提前付款给商家，但商家发出的货物存在质量问题，当消费者提出要换货或者退货的要求时，商家一旦拒绝，消费者便需要通过平台或者法律途径去维护自己的权益，这样会浪费消费者很多的时间成本，所以很多消费者会选择放弃维权。长此以往，商家会产生一种侥幸心理，用劣质产品攫取利益，而消费者在多次受骗之后会逐渐失去对平台的信任，最终平台将会迎来衰亡。而第三方支付方式的出现使交易的货款暂时存放在第三方手中，当消费者和商家产生争执时，第三方会客观进行评估，如果确认属于商家的问题，那么第三方有权将货款退还给消费者，这样既节省了消费者的时间，又维护了消费者的权益，同时又对商家形成了一种约束，为电子商务支付营造了良好的环境。因此，农产品电子商务平台在线支付系统的设计可以采取第三方支付的模式，在具体设计上可以借鉴支付宝等比较成熟的案例。

3.物流跟踪子模块

在消费者完成支付，商家核对无误并准备好商品后，便进入到物流这一环节。为了商家与消费者都能够了解物流的情况，平台还需要构建物流跟踪子模块。物流公司在配送商品的过程中，随时根据商品物流的变化情况更新物流信息，与此同时，物流信息会同步到电子商务平台的该模块中，消费者和商家可以随时查询跟进。农产品电子商务平台在选择物流公司时，应该选择一些知名度、信誉度较高的物流公司，原因是农产品对物流的要求较高，完善的物流体系有助于农产品的保存，从而确保农产品快速且保质地配送到消费者手中。

（二）系统管理模块

系统管理模块的主要功能是系统管理，即由特定的管理人员对电子商务平台的系统进行日常的维护和监督，具体包括两个子模块：会员管理子模块和农产品管理子模块。

1.会员管理子模块

在电子商务平台进行注册的消费者以及商家统称为会员，会员管理子模块的主要功能便是对这些注册的会员进行管理。注册是成为平台会员的第一步，系统需要对会员注册的信息进行审核，审核通过后才能成为平台的会员。

完成注册的会员需要登录平台才能享受后续的服务，在会员登录时，系统需要判断会员登录的信息是否正确，只有信息正确才能登录成功并进入主页。进入主页后，会员可以进一步完善自己的信息，同时也可以更改自己的信息，如更改会员账户名称、修改收货地址、修改手机号码、修改登录和支付密码等，系统需要支持会员完成上述操作。

2.农产品管理子模块

农产品管理模块就是对农产品进行管理的模块。产品连接着生产者和消费者，其重要性不言而喻，而且农产品种类丰富多样，如何有效地对其进行管理是系统管理模块设计中需要深入考虑的一个问题。农产品管理系统主要开放的权限是针对系统管理员和农产品销售者的。销售企业负责上传农产品基本资料并且及时更新最新的农产品销售信息，可以包括农产品促销信息、农产品特性的描述等；系统管理员则对企业上传和更新的农产品信息进行监督、管理、维护，审核企业上传的农产品信息，把握好农产品销售的最后一道环节。

在具体的设计中，要结合农产品的特点进行考量。一般来说，可以从以下两个方面做出尝试。

其一，系统的农产品管理主要针对农产品的基本信息进行立体展示，提供适合销售政策的销售方式。农产品信息的正确上传和更新能带来更好的销售效益，也更符合产品的市场价值，因此农产品信息应包括多个方面。商品详情主要包括商品名称、商品品牌、商品配料、商品产地、商品规格、保质期、生产许可证、产品标准号、卫生许可证等产品生产、加工信息。

其二，由于农产品信息量很大，用户在浏览时往往会花费大量时间，所以系统的农产品管理应该对商品的类型、标签和品牌及时进行更新和维护。其中，应对农产品进行分类搜索，包括坚果类、果仁类、零食类、礼盒类、功效类等以满足不同用户人群的需求。农产品在标签设置时可根据系统管理员的管理理念自行设置，如抢先出炉、热销抢购、特价专区3个标签栏。

（三）农产品知识服务系统模块

该模块是针对特色农产品开发的特色系统模块，一般通过以下两种方式为有需要的人提供农产品知识服务。

（1）人机间的信息交流。人机间的信息交流有两种实现途径：一是系统管理员将与农产品有关的知识上传到网页上，注册的会员和企业可以直接通过浏览网页的形式查看相关内容；二是在该系统模块中建立农业知识库，然后结合人工智能技术，为想要进一步了解农产品相关知识的人员提供智能化的咨询服务。

（2）人与人之间的信息交流。人与人之间的信息交流主要依靠专业的服务人员为咨询者解答所咨询的问题，因为农业知识库所收录的数据难免有疏漏，而且人工咨询也存在一些缺陷，所以有时不能完整解答咨询者的问题，这时便需要专业的人员为他们做进一步的解答。

在上述两种形式的基础上，有一定经济基础的平台可以建立一个农业专家系统。该系统是普通智能咨询系统的升级，也是对人工咨询的补充，有助于该系统模块的进一步完善。具体的设计思路是建立相应的农业知识库、数据库，并结合推理判断程序，运用专家知识进行推理；平台运用人工智能知识工程的知识表示、推理、知识获取等技术，总结和汇集农业领域的知识和技术、农业专家长期积累的大量宝贵经验，以及通过试验获得的各种资料数据及数学模型等，建立农业专家系统。

第三节　农产品电子商务平台系统实现

一、在线商城功能的实现

(一) 农产品主页

农产品电子商务平台根据农产品的类别对农产品进行系统的展示，类别可根据当地的农业产业特色进行归类。以中国惠农网为例，平台主页将农产品分为禽畜肉蛋、农资农机、水果、种子树苗、蔬菜、水产、苗木花草、粮油米面八大类；每一个类别下又有进一步的分类，如水产类又细分为食用鱼类、虾类、贝类、水产种苗、龟鳖类、软体类六类；而在每一个小类下又具体地指出了相关的产品，如贝类下有珍珠贝、七彩贝、北极贝、贵妃贝等。这样，消费者进入平台主页后，就可以清晰地看到农产品的分类，然后根据自己需要的农产品种类去寻找对应的商品。另外，在农产品主页还有搜索栏，用户可以直接搜索自己想要购买的产品的名称，这样便会直接跳转到包含该类农产品的标签页中。

(二) 农产品标签页

消费者选好需要购买的农产品后，便进入到对应农产品的标签页。农产品的标签页一般包含有农产品价格、销量、品种等基本信息，作为消费者进一步了解该商品的基本依据。因为即便是同一个种类的商品，也会有十几、几十，甚至上百个相对应的农产品，消费者不可能一一点进去查看该农产品的具体情况，只能是在标签页粗略浏览的基础上决定是否要进一步详细了解该产品，所以标签页的设置是有必要的。

(三) 农产品详情页

在浏览农产品标签页的时候，有些农产品会引起消费者初步的兴趣，消费者想对该农产品做进一步的了解以决定是否购买，因此针对各个具体的商品还需要设计农产品展示的详情页。详情页不仅要包含农产品价格、销量、规格等基本信息，还要包含能够全方位展示农产品的图片或者视频以及曾经购买过该产品的消费者对该产品的文字或图片评价。全方位的图片或者视频能够让消费者对该农产品有更清楚的认识；其他消费者的评价则可以让消费者了解到其他消费者对该农产品的使用感受，相比商家提供的内容而言，消费者认为其他消费者提供的评论内容更具有参考价值，原因是评价是广大消费者的感受，虽然不可避免地存在主观性，但毫无疑问也更加真实。

二、用户操作的实现

（一）用户的会员注册与登录

农产品电子商务平台要保持一定的开放性，即用户不注册也能够浏览商品，这样不仅能够展现出平台的人性化操作（即不强迫用户注册会员），还可以通过平台展示的商品吸引更多的人注册会员。当用户在浏览的过程中看到自己心仪的商品时，如果想要购买该产品，则需要注册为会员。注册会员的链接一般在农产品主页的左上方或右上方，当消费者点击"会员注册/登录"的链接时，会弹出一个注册的窗口，注册窗口一般包含"用户名""密码""确认密码""电子邮箱""验证码"等内容，填写完注册窗口中的内容后，点击"完成注册"便完成了该平台的会员注册。会员注册完成后，可进入"个人会员中心"的界面，对个人信息做进一步的完善，包括添加收货地址、添加收货的手机号等。账号和密码是会员登录本电子商务平台的"身份证"，用户要牢牢记住，当下次需要在该平台购买农产品时，使用该账号和密码登录即可。

（二）用户的购物操作

用户在本电子商务平台购物的基本流程为搜索农产品→浏览农产品→将需要购买的农产品添加到购物车→进入购物车→提交订单→订单生成后再次确认订单→在线支付→完成订单。关于农产品的搜索和浏览在前文已有论述，所以在此从农产品添加购物车开始介绍。在农产品的详情页中会有"购物车"的链接，消费者只需要点击该链接便可以弹出购买信息，消费者根据自己的需要选择产品的数量和规格；如果需要购买其他农产品时，可返回到农产品主页再次搜索；将需要购买的农产品全部加入购物车之后，可通过"购物车"界面对农产品进行统一的结算，结算时需要先提交订单，要确认订单上收货人的信息无误；订单产生后需要在线支付，支付方式可选择第三方（如支付宝）支付，也可以选择银行支付。支付完成后卖家根据订单信息准备农产品并选择合作的物流发货，消费者可以在农产品的订单页面查看物流相关信息。

三、系统管理的实现

（一）商品的系统管理实现

系统管理员的第一功能就是农产品管理，农产品管理的功能菜单主要包括农产品管理、农产品分类管理、前台虚拟分类、规格管理、品牌管理、农产品批量处理。下面主要介绍具体几个农产品功能模块的功能。

1. 农产品管理

农产品管理主要包括农产品列表、农产品添加和农产品到货通知。农产品列表是农产品管理中最基本的，即将农产品按照农产品的名称与农产品的编号将农产品以类别的形式展示出来，方便消费者进行操作。对于农产品企业或者农户而言，农产品的种类并不是一成不变的，如果要将新增加的产品种类添加到农产品列表中，便需要由管理员进行操作，完成农产品的添加。有时会有种种原因导致某些农产品暂时缺货，消费者关注了该农产品并设置了到货提醒后，当该农产品补货上架时，消费者便会收到相应的通知。

2. 前台虚拟分类

前台虚拟分类包括虚拟分类列表、添加虚拟分类、导入农产品分类3种功能。虚拟分类列表展示虚拟分类的状态；添加虚拟分类主要是添加分类的名称等信息；而导入农产品分类功能主要是将添加的虚拟分类导入到虚拟分类列表。

3. 农产品的批量处理

农产品的批量处理功能主要是为了方便对农产品进行更有效的管理，有时需要对多个农产品进行处理，如果一个一个地完成，则会花费大量的时间和精力，而通过批量处理功能便可以将农产品添加到一起后一次性完成处理，提高了农产品管理的效率。

（二）订单功能的实现

订单功能的实现主要是通过订单管理、单据管理、快递单管理以及售后服务管理来实现的。

1. 订单管理

每一笔已经付款成功的订单都应该包含订单号、订单的来源、支付方式、订单付款的时间、订单支付的金额、付款人、收货人、发货方式等。根据订单状态的不同，管理的方式可分为订单未处理、待发货、已发货、已退货、已退款、已完成、已作废几种。

2. 单据管理

所管理的单据主要有收款单、备货单、发货单、退货单4种。对不同的状态下的单据，可以进行删除、导出、筛选、处理等操作。

3. 快递单管理

系统管理员在管理快递单时，要选择好快递单的模板。系统管理员通过添加模板功能，可以方便快捷地建立快递单打印模板，方便发货。具体方法：点击"添加模板"，添加模板后，点击"编辑"，进入模板的编辑页面，然后对发货单进行编辑。在完成发货后,系统管理员就可以添加发货信息。点击"发货信息管理",进入管理界面,然后点击"添加发货信息",输入相应的发货信息。

4.售后服务管理

农产品销售后不可避免会产生售后服务问题,售后服务管理模块的功能就是方便顾客针对农产品存在的问题进行咨询,甚至申请退换货处理。

（三）会员管理的实现

系统管理员能够对会员注册项进行管理,管理的范围包括注册项的增加和删除,系统管理员变动注册项后,用户注册时填写的注册窗口所包含的内容也会发生相应的变化。对于注册后的会员,系统管理员同样具有管理的权限,当需要添加或删除会员时,系统管理员通过会员管理界面进行相应的操作。另外,根据会员的等级不同,系统管理员相应地为不同等级的会员开放不同的权限。

第六章 革故鼎新:"互联网+农业"的创新模式

第一节 "互联网+县域"成为农村经济发展新引擎

一、"互联网+县域"在促进乡村经济发展中的作用

县域以县级行政区划为地理空间范围,县域经济则是以县城为中心、乡镇为纽带、农村为腹地的区域经济。"互联网+县域"的模式是以县域为着力点,充分发挥电子商务的作用,从而促进乡村经济的发展。谈及电子商务,很多人最先联想到的想必是网络购物,但网络购物其实只是电子商务的一个领域,真正意义上的电子商务涵盖的范围非常广泛,涉及各个领域、各个行业。电子商务在县域的渗透不断推动着乡村产业结构的调整,促进了工业、农业、服务业三大产业的转型升级,并促进了三大产业的融合。具体而言,以电子商务为发力点的"互联网+县域"模式对乡村经济发展起到的作用可以从以下三个方面展开论述。

(一)促进了乡村产业的转型升级

电子商务的出现促进了乡村产业的转型升级,尤其对于乡村中占比较重的农业来说,促进了其发展方式的转变。传统的农业发展方式依赖于农业相关技术的革新与发展,从而促进产量与品质的提升,这是农业产业发展的基础,毋庸置疑。电子商务的出现使农业产业发展的方向更加多元。例如,2014年,安徽省绩溪县推出了"老乡喊你来分地"的互联网私人定制农场项目——聚土地。消费者可以在电子商务平台上认购土地套餐,认购后每个月可以获得该土地中产出的农产品,包括蔬菜和水果,并且认购后的消费者如果到该地旅游,该地会免费为其提供住宿。该项目推出仅仅3天的时间,便达到了34万人次的浏览量,认购人数约3 500人,取得了很好的成效。当然,虽然农业发展的方向更加多元,但特色农产品是其发展的一个重要基础,不能因为更多发展方向的出现而忽视了农产品这一基础,一旦失去了农产品这一基础,整个农业产业的发展将成为空中楼阁,即便再绚丽,也只是虚幻,终将化为泡影。

此外,电子商务的出现还促进了乡村各产业的融合,这也是产业转型升级的一种表现。在2020年的中央一号文件中便明确指出,要支持各地立足资源

优势打造各具特色的农业全产业链，建立健全农民分享产业链增值收益机制，形成有竞争力的产业集群，推动农村第一、第二、第三产业融合发展。农村产业融合是指农村第一、第二、第三产业融合发展，通过产业联动、体制机制创新等方式，跨界优化资金、技术、管理等生产要素配置，延伸产业链条，完善利益机制，发展新型业态，打破农村第一、第二、第三产业相互分割的状态，形成第一、第二、第三产业融合、各类主体共生的产业生态。借助政策支持与电子商务发展的东风，很多县域基于自身的产业特色寻求产业的融合并取得了一定的成果。

以河南省为例，河南农村农业与服务业也在不断融合，越来越多的农产品生产加工企业开始向提供多元农业服务功能转型，如土地托管、提供新农村建设问题解决方案，帮助农村大力建设发展休闲旅游农业、农耕文化产业园，这些都将成为河南农村第一、第二、第三产业融合发展的"领头羊"，不仅可以为农村居民提高经济收入，还可以为河南农村第一、第二、第三产业融合发展积累更多成功经验。[①] 在河南各地对乡村第一、第二、第三产业融合发展路径的探索中，开封市取得的成果尤为明显。开封充分发挥历史文化悠久、特色农业突出等优势，推动"农业+文化+旅游"融合发展，将特色农产品种养与旅游服务紧密结合，休闲观光农业发展势头强劲。

（二）促进了乡村经济的增长

新常态下乡村经济的发展面临着新的问题，但也迎来了新的发展机遇，电子商务便是其中之一。事实证明，电子商务在促进乡村经济发展方面确实发挥了重要的作用。同样以河南省为例，随着河南省电商进农村综合示范工作的不断深入，县域物流体系不断完善，农村电商取得了较好的成效。2020年的《河南商务简报》显示，2020年"双十一"期间，河南省通过天猫、淘宝、拼多多、京东等知名电商平台实现农村网销额29.44亿元。

从产品类别看，农产品网销额16.5亿元，占一半以上，达56%；从地域看，南阳市网销额以21.5亿元遥遥领先，占全省的73%，其中镇平县网销额14.4亿元，占全省的49%，主要网销产品为玉石，网销额达11亿元。

从各地网销情况来看，农产品网销势头强劲。开封市全网销售大蒜3 600万元、红薯2 200万元、咸鸭蛋1 500万元、变蛋630万元、胡萝卜550万元；西峡县借中国食用菌大会东风，近百位网红联手开展直播带货，3天累计销售

---

① 韩丹阳.乡村振兴视角下河南农村产业融合发展模式研究[J].现代营销（下旬刊）,2019(8):89-90.

香菇及深加工产品3 570余万元；郏县签约销售扶贫产品宝象山花生油10.2万桶、杂粮10.2万箱、饸饹面10.2万箱；睢县电商企业网销咸鸭蛋、卤鸭蛋等600多万元；淮滨县电商园在拼多多平台销售艾产品13万单113万元；淅川县在拼多多平台每日成交6 000多单，连续15天销售超100万元，仅黄金梨就销售112万元，列好评榜第三，软籽石榴居全网第九；社旗县通过知名网红达人直播带货方式销售艾草制品400万元、红薯粉条300万元、大豆制品300万元、有机蔬菜260万元。

  贫困县网络销售也取得了较好成效。据阿里巴巴统计，河南省贫困县累计销售总额达5.6亿元，全国排名第2位；卖出农产品3亿元，全国排名第12位，其中艾草制品销售全国排名第二。河南省老字号品牌产品在全国网络销售中也备受欢迎，如速冻食品、肉食生鲜、香料零食等。"双十一"期间，羊肉成交额同比增长6.37倍，火锅丸料成交额同比增长5.93倍，大米成交额同比增长5.26倍，鲜菌菇成交额同比增长4.50倍，木瓜成交额同比增长3.38倍。

（三）推动了乡村的创业就业

  农村电商具有广阔的发展前景，对于具有创业想法的人来说，农村电商无疑是一个值得尝试的选择。同时，农村电商释放出的巨大的市场也能够带动就业机会。2019年8月19日，李克强在部分省份稳就业工作座谈会上指出，做好"六稳"工作首先是稳就业，要把稳就业放在突出位置，并重点提及要发挥新产业新业态促进拓展新就业岗位的作用。在过去几年里，电子商务在带动经济增长的同时，也带动了更多人创业就业。《中国电子商务报告2019》显示，2019年，全国电子商务交易额达34.81万亿元，其中网上零售额10.63万亿元，同比增长16.5%，实物商品网上零售额8.52万亿元，占社会消费品零售总额的比重上升到20.7%；电子商务从业人员达5 125.65万人。

  对于乡村而言，农村电子商务带来的创业就业机会主要体现在四个方面。其一，作为农村电子商务中农产品、农产品加工品等商品的提供者，很多农民的就业问题自然可以得到解决。其二，对于一些有意向创业的青年人（包括留在乡村和转移到城市的青年人），农村电子商务提供了一个创业的平台，相对于其他行业来说，农村电子商务创业的前景更加广阔，并且成本投入也相对较低，所以能够吸引更多青年人尝试。其三，农村电商的广阔前景会吸引越来越多的企业入驻乡村，研发、设计、制造、售后等产业链上下游环节日趋完善，电商产业加工园区渐成规模，带领新实体经济发展的同时吸纳大批农村人口就业。其四，农村电子商务的规模化发展会产生经济的溢出效应，即农村电商发展的同时会带动交通、仓储物流、人才培训、餐饮娱乐等相关产业的进一步发展，从而产生更多的创业就业机会。

二、"互联网+县域"促进乡村经济发展过程中存在的问题与对策

（一）"互联网+县域"促进乡村经济发展过程中存在的问题

1. 缺乏统筹规划，发展思路不清

随着电子商务在县域的不断渗透，越来越多的个人、家庭和企业开始涉足电子商务领域，虽然在宏观的政策上，党中央多次指出要促进乡村电商的发展，但目前很多县级政府、企业、家庭和个人对于电子商务的理解仍旧比较表面，只是将其简单看成网络购物。在这种认识下，这些县域任由电子商务散漫发展，缺乏统筹规划，更没有一个清晰的发展思路，从而导致电子商务交易额处在较低的水平。

2. 基础条件薄弱，物流体系滞后

电子商务的发展需要比较完善的基础设施支撑，尤其是物流体系的支撑。一些县域的乡村基础条件比较薄弱，物流体系建设也相对滞后，物流配送只能到乡镇一级，但农产品大多产自乡镇下的各个乡村，从乡村运送到乡镇，虽然距离上并不是十分遥远，但也增加了物流成本，从而导致农产品的成本增加。此外，农产品销售一般对产品的质量要求较高，尤其是一些生鲜产品，如果物流体系中缺乏冷链仓储设备，将会影响农产品的品质，从而影响农产品的售卖。总之，对于一些基础条件薄弱、物流体系滞后的县域来说，物流配送"最后一公里"的问题不解决，电子商务的发展必然会受到限制。

3. 人力资源不足，回流引流困难

人力资源不足是制约县域电子商务发展的一个重要因素。在农村电子商务出现之前，很多乡村中的青年人转移到城市中发展，导致乡村出现了空心化的现象，虽然在乡村电子商务发展的广阔前景下，经过一系列政策的引导，出现了"返乡潮""下乡潮"，但对县域而言，仍旧存在不小的电子商务人才缺口，尤其对于一些经济发展落后或者电子商务起步较晚的县域来说，人才缺口更甚。面对较大的人才缺口，各县域政府都出台了一系列引流的政策，以此来引导、吸引更多的人返乡、下乡发展，但实际效果却不如人意。剖析其原因，除了与各县域自身的因素有关，一个重要的原因是人们对乡村电子商务发展的可持续性存在担忧，不敢冒险尝试。

（二）"互联网+县域"促进乡村经济发展的对策

在"互联网+"的背景下，互联网消费已经悄无声息地渗透我们生活的方方面面，影响着我们每一个人的生活。县域电子商务在发展的过程中不可避免

地存在着一些问题,这些问题有些是主观的,有些是客观的,有些虽然暂时难以解决,但有些也能够解决。基于这一认识,在笔者来看,县域乡村电子商务的发展应该以农村特色资源为依托,以服务体系建设为基础,以资金保障体系建设为重点,以示范带动为突破口,以平台建设为支撑,以电子商务应用人才培养为保障,大力推进电子商务进农村,从而促进乡村经济的发展。

1. 创新发展理念,做好统筹规划

对"互联网+"思维的认识不足是政府、企业和个人对电子商务认识存在片面化的一个重要原因。所以要使"互联网+县域"在促进乡村经济发展方面发挥更大的作用,就需要加深政府、企业和个人对"互联网+"的认识,了解"互联网+县域"下电子商务对乡村经济发展的促进作用,科学、理性地看待电子商务影响下乡村产业的转型与升级,并在此基础上创新发展理念,开创新的商业业态与模式,从而进一步促进乡村经济的发展。当然,"互联网+县域"促进乡村经济发展是一项系统的工程,需要有计划、分阶段地落实。因此,在创新发展理念的同时,还需要站在一个长远发展的高度上,做好统筹规划,保障乡村电子商务健康、持续发展,从而持续为乡村经济的发展提供助力。

2. 依托本土资源,实现特色发展

县城电子商务发展应依托当地山清水秀的自然资源,着眼于当地的特色产业,开发优质资源,积极打造当地具有本土特色的品牌产业,同时优化升级延长产业链。推动以当地特色资源为基础的"绿色生产—分级加工—多元销售"的电子商务发展模式,实现"一县一品""一村一品"的多元差异化发展策略,最大限度满足消费者需求,打造核心竞争力,为县城电商在激烈的市场竞争中的快速发展奠定基础。[①]有些县域自然资源较差,但本身具有悠久的历史,且在历史的传承中形成了独特的文化,这些县域便可以以历史文化为依托,以农产品为辅助,打造"文化—休闲—农业"为一体的旅游模式,在促进融合的基础上,促进乡村的经济发展。概言之,县域要依托本土资源,打造具有自身特色的县域电子商务。在具体实践中,可充分学习和借鉴较成功县域的经验,结合本土县域的实际情况,进行科学的顶层设计,并形成具体的实施方案,从而借助互联网的东风逐步形成适合自身发展的县域电子商务。

3. 建立协同机制,加强主体协同

以打造特色品牌农产品为着力点,建立完整的电子商务生态系统,实施实时的数据采集、分析,进行动态监测,夯实现代农业基准数据基础,发展科学

---

① 毕鹏,赵善彬.城乡一体化进程中农村协同电子商务研究[J].特区经济,2015(4):139-140.

农业、数字化生产，推动地方传统农业电子商务化，为县域经济增砖添瓦。而为了实现县域乡村电子商务发展的新模式、新突破，需要以政府为主导，建立协同机制，促进政府、企业、高校和家庭（个人）的有机结合。在具体操作中，政府需要发挥牵头作用，可以成立专门的电子商务工作领导小组，相关政策以及具体方案由工作小组监督落实，为县域电子商务的发展营造一个良好的环境氛围；在政府的主导下，企业肩负起打造品牌、建设平台、物流配送等方面的责任，逐步推进电子商务在县域各领域的应用与发展；高校则应肩负起培训人才的责任，面对电子商务人才短缺的情况，除引导人才回流，还需要加强人才的培养，而在人才培养上，高校除了通过正规教育培养专业人才外，还应该与各县域的政府或企业联合起来，对当前从事电子商务的人员进行培训，提高他们的专业素养；乡村中的个人或家庭要与时俱进地学习新知识，了解绿色生产的思维与技术，加深对电子商务的认识，作为乡村经济发展的直接受益人，只有对"互联网+"和电子商务有一定的了解，才能获得乘上这趟列车的"车票"，从而享受这趟列车带来的更多的经济效益。

第二节　"互联网+农业众筹"拓宽乡村农业发展路径

一、"互联网+农业众筹"的概念

（一）众筹

众筹即大众筹资或群众筹资，是一种向群众募资，以支持发起的个人或组织的行为。众筹的本质是一种融资方式，由发起人、跟投人、平台构成。其中，项目发起人一般具有敏锐的市场洞察力，能够洞悉市场的走向，但缺乏相应的资金启动项目，于是向大众发起众筹；跟投人如果对发起人的项目感兴趣，便可以出资支持；平台的作用是连接发起人与跟投人，一般为互联网平台。因此，当前所指的众筹多指互联网众筹，即利用互联网将分散的资源通过互联网这一渠道进行整合，并利用这些整合的资源创造价值。[1]

（二）"互联网+农业众筹"

"互联网+农业众筹"是在众筹的经济模式下衍生的，其具体的运行也包含经济众筹这一步，但其概念和内涵有所改变和延伸。所谓"互联网+农业众

---

[1] 郭福春，陶再平.互联网金融概论[M].北京：中国金融出版社，2018:90.

筹"，从字面意思来看，就是"互联网+农业+众筹"，但就其内涵而言，却并不是简单将三者相加，因为在这一模式中，投资者并不只是单纯的投资者，他们同时还是消费者，其投资的资金，一部分将以订单的形式体现，即投资得到的回报，另一部分会以产品的形式体现。由此可见，"互联网+农业众筹"是对原有生产流程的革新，从某种程度上来看，是一种以订单驱动农业生产的经营生产模式。

"互联网+农业众筹"依据发起内容的不同，一般可分为农产品众筹、农业技术众筹和公益众筹三种。农产品众筹是以农产品为发起内容，这是目前农业众筹中最为常见的一种形式，具体做法是农户作为项目的发起方，在互联网平台上发起一个与农产品有关的众筹项目，感兴趣的人将资金投放到众筹平台上，农户收到众筹的资金后开始种植相关的农产品，等到农产品成熟后，投资者可选择资金回报或农产品回报，如果选择农产品回报，农户则将农产品邮寄给投资者，这样在无形之中使农产品又多了一个销售渠道。农业技术众筹是以农业技术为切入点，相比于农产品而言，农业技术众筹较少，但随着人们对绿色农业生产理念的重视，一些先进的技术将会逐渐引起人们的关注，如有机化肥、生物农药方面的农业技术。公益众筹的核心在于"公益"二字，参与众筹的人往往不求经济上的回报，与农业有关的公益众筹往往与生态环境保护有关，目前相关的项目非常少，但随着人们对生态环境的关注度不断提升，公益众筹在未来也许会逐渐走进人们的生活。

在"互联网+农业众筹"模式中，众筹平台作为连接项目发起人和投资者的一个桥梁，其作用又不仅限于联结双方，还发挥着更加重要的作用。项目发起人（农业企业、农户或其他组织与人）在众筹平台上发起众筹，大众在众筹平台上看到相关的众筹项目后，对于有意向投资的项目，会通过平台与项目发起人进行交流，双方做进一步的相互了解；当大众选定了要投资的项目后，便与平台和项目发起人签订协议，然后通过银行或者第三方支付一定数目的资金，支付的资金会暂时由银行或第三方保管；当项目筹集的资金达到了预先约定的额度后，银行或者第三方便将资金按照平台约定的比例分期转给项目的发起人，项目发起人启动项目；如果在约定的期限内筹集到的资金没有达到预先约定的金额，资金会被退还给投资者；从项目启动开始，一直到项目结束回报投资者，平台会持续进行监督。从"互联网+农业众筹"模式的具体流程来看，众筹平台在"互联网+农业众筹"模式运行中的作用可见一斑。

二、"互联网+农业众筹"的模式

根据众筹商业模式的不同,"互联网+农业众筹"可分为消费型农业众筹、平台型农业众筹和权益型农业众筹三种模式。其中,消费型农业众筹模式不需要过高的投资门槛,并且以农产品作为回报的方式具有操作便捷的优点,所以在三种众筹模式中,此种众筹模式比较普遍;而权益型农业众筹模式因涉及土地产权,在国内尚处于试验阶段,尚没有成功的案例。因此,在下面的论述中,笔者仅论述消费型农业众筹与平台型农业众筹两种模式。

(一)消费型农业众筹

在消费型农业众筹模式中,投资者也是消费者,投资的过程就是消费资金前移的过程,投资者早期投入的资金最后会以多样化的权益形式回报给投资者。"大家种""尝鲜众筹"是典型的消费型农业众筹模式。

1."大家种"模式

"大家种"在2014年上线,其植根于农业领域,旨在打造F2F生态。所谓F2F,就是农场(farm)到家庭(family)或者家庭(family)到农场(farm),意思是家庭和农场之间的相互支持和相互促进。2013年的中央一号文件首次提到"家庭农场",并且鼓励和支持承包土地向专业大户、家庭农场、农民合作社流转,创新农业经营体制。政策和环境都给了城市与农村对接发展的机会,"大家种"上线的目的就是希望通过众筹的方式,将家庭和农场很好地联系在一起,所以其众筹一方面是为了消费,另一方面也是为了能够让更多的人去体验农业生产,从而打破生产者与消费者原有的那种冰冷的买卖关系。

为了保障食品的安全性以及与投资者的互动,"大家种"平台要求种植农产品的园地中安装24小时实时监控的摄像头,平台的动态展示页上会定期更新监控的数据,同时生产者会上传一些高清的照片和数据,投资者可随时登录平台进行查看。此外,平台还会定期组织投资者到园地进行实地考察,对于投资者提出的一些意见,只要具有一定的科学性,有利于项目的推进,园地都会适当听取,并做出调整和完善。

"大家种"作为国内首个以实物为回报的消费型众筹网站,抓住了"互联网+农业"的机遇,但同时也存在风险和挑战。其中最大的挑战就是投资者对农场的信任度不高,对此模式存在的风险有担忧。为了解决这一问题,"大家种"平台采取了两项措施:一是平台会严格对项目与项目的发起人做审核,对项目发起人的审核包括对真实身份的审核、信用的审核等,对项目的审核主要是论证项目的可行性,项目发起人和项目有一项没有通过审核,该项目便会被驳回；二是建立专门的用户保障体系，即平台将投资人投资的资金委托第三方保管，项目发起人不会立刻得到全部的资金，而是结合其项目的进展情况分批次拨款，以避免项目发起人在获得融资后携款潜逃。上述措施的实施在一定程度上降低了人们对农业众筹的担忧，但综合来看，"大家种"这一模式仍旧有很长的路要走。

2. "尝鲜众筹"模式

虽然同为消费型农业众筹模式，但与"大家种"模式有所不同，"尝鲜众筹"模式增加了消费者体验的环节，即消费者在投资之后，可以到园地中去进行农事活动体验。这一模式的出现使投资者的角色身份变得更加丰富，投资者既是消费者，也是体验者，而农事活动的体验拉近了投资者与农业市场的距离，提升了投资者的信任度。"尝鲜众筹"平台众筹的项目是多元的，除了常见的农产品众筹，还包括前文提到的农业技术众筹、公益众筹。

"尝鲜众筹"平台为了防控风险，同样采取了一些措施。首先，在资金的风险保障上，同"大家种"平台类似，"尝鲜众筹"平台也会对资金进行把控，以保障资金充分运用到项目的运作中。其次，为了保障众筹项目的可行性及其后期的运行，"尝鲜众筹"平台在前期会对众筹项目做严格的调查和筛选工作，具体有两个方向：地区特色产品——塑造"产地品牌"；新农人创新理念产品——塑造"新农人品牌"。项目确定后，"尝鲜众筹"平台提供一站式的众筹服务，为项目的发起人提供包括募集资金、孵化、运营在内的多项服务。

（二）平台型农业众筹

平台型农业众筹侧重于构建平台和创造机会，以自身优势提供产品规划、项目发布等服务，撮合有意向的投资者及项目创始人。由此可以看出平台型农业众筹与消费型众筹模式的不同：在消费型众筹模式中，平台是基于其平台功能发挥作用，平台不会发起众筹项目，但会对项目进行审核；而在平台型农业众筹模式中，平台是项目的发起者。两种模式各有特色，消费型众筹模式为众多有想法的人提供了一个融资的平台，但由于个人的能力有限，个人发起的项目在质量上往往得不到保证，虽然平台也会对项目进行审核和筛选，但与平台发起的项目相比，在质量上也存在一定的差距。平台型农业众筹模式的不足在于平台不对个人开放，其项目是为平台运营者的利益服务的。相较于消费型农业众筹模式而言，平台型农业众筹模式较少，其相关的案例也较少，这其中，"有机有利"是比较典型的平台型众筹平台。

"有机有利"成立于2012年，其宗旨是连接人与土地，让消费者定制农产品，让生态有利生活。"有机有利"平台上线之后，开发了名为"生态通"的农场项目管理系统，内容包括展示专区、项目发布、网络推广、产品销售、农商对接 5 项功能，以此来帮助农业企业开展订单农业，在收获前就实现预售和众筹。"有机有利"将众筹看作是投资者与农场签订的订单，这种提前确定的订单关系能够帮助农场提前锁定农产品销售的部分客户。由于是订单关系，所以"有机有利"对投资者的服务也十分重视，具体体现在农产品定价与支付的快捷便利、物流体验的满意度等，这在一定程度上弥补了一般农场的不足。

三、"互联网 + 农业众筹"可持续发展的对策

"互联网 + 农业众筹"模式拓宽了乡村农业发展的路径，但"互联网 + 农业众筹"在发展的过程中也面临着诸多困境，所以需要构建涵盖政府、农业众筹平台和众筹发起者三方的解决策略，从而促进"互联网 + 农业众筹"模式的可持续发展。

（一）政府层面：推进立法，监控风险

1. 建立风险监控体系

建立风险监控体系的目的在于稳定市场的秩序，因为农业众筹面临着诸多的风险，这些风险中很多都是客观存在的，但通过建立风险监控体系，可以将一些主观因素导致的风险降到最低，并降低一些客观风险带来的危害，从而为农业众筹的发展营造良好的环境。在具体的操作中，政府首先要加强对农业众筹平台的监管，对农业众筹平台的准入设置一定的标准，因为农业众筹平台起着连接众筹发起人和投资者的作用，并且在项目具体的实施中起着监督的作用，如果农业众筹平台不合格，那么众筹的项目包括众筹完成后的后续都无法保证。在设置准入标准的基础上，还需要对已经上线的平台进行定期的审核，对于不符合标准的平台取消其经营牌照。这样，便可以最大限度地保障平台的合法性与规范性，提升投资者和众筹发起人的信任。其次，政府可以引导建立众筹行业协会。关于行业协会的作用，笔者在第三章中就电子商务行业协会的作用进行了论述，而随着"互联网 + 农业众筹"模式的不断发展，农业众筹平台的数量和规模将会越来越大，行业协会能在某些方面弥补政府的不足，从而与政府联合，更好地对农业众筹平台进行监管，进而保障众筹平台的良好发展。

2. 完善农业保险制度

在农业种植的过程中存在不可控的自然灾害风险，而自然灾害风险一旦出现，便会造成农产品产量和品质的降低，从而导致项目发起者以及投资者的收益受损。对于项目发起者来说，风险事件在造成其收益受损的同时，还会影响

其履约能力，引发信用风险，进而影响其下一次的众筹。基于此，政府可以引导建立政策性农业保险公司，并给予保险公司一定的支持，如补贴、税收等方面的优惠政策，助力农业保险公司渡过发展期。保险公司对众筹项目进行审核之后为投保者提供保障，从而降低自然风险造成的损失。

3. 降低投资者准入门槛

在对准入门槛的设定上，提高农业众筹平台的准入门槛能够保障农业众筹平台的合法性与规范性，而降低投资者的准入门槛能够激活市场活力。但是，降低投资者的准入门槛也会带来一些不可预知的风险，所以在降低投资者准入门槛的基础上，还需要制定投资者认证制度，具体包含以下两方面的内容。其一，制定差异化准入制度。在投资者投资之前，先对其风险承受能力进行评估，然后根据投资者风险承受能力的不同制定相应的准入门槛。其二，制定投资限额制度。投资在带来回报的同时，也存在着风险，降低投资者准入门槛之后，一些没有投资经验的人也会进入这一领域，这些人的投资具有较大的盲目性，存在的风险也更大，为了降低投资风险带来的经济损失，应该针对不同的投资者设定不同的投资限额。这样，便可以在降低投资者准入门槛的基础上避免一些不可预知的风险，从而维持农业众筹市场的活力，促进其健康、可持续发展。

（二）农业众筹平台层面：优化服务，提高信任

1. 优化平台服务质量

农业众筹平台在连接众筹发起者与投资者的同时，也起到服务与监督的作用。就服务而言，提高平台的服务质量，能够提高投资者与众筹发起者对平台的信任，所以平台首先要做的就是优化服务质量。具体可以从以下几方面着手。其一，辅助众筹发起者优化项目设计。对于众筹发起者来说，如何在众多的项目中吸引投资者的注意非常重要，因为投资者登录农业众筹平台后，其面对的项目很多，有些投资者不会对这些项目一一去做深入的了解，能不能吸引投资者了解项目，能不能给投资者留下比较好的第一印象非常重要，而这些就需要通过项目设计去达到。但是，很多众筹发起者对项目设计并不了解，所以这时就需要平台为他们提供帮助，辅助他们进行项目设计，为项目增光添彩。其二，为投资者提供咨询服务。有些投资者对农业种植相关的内容并不是十分了解，这导致其在选择项目时常常会犹豫不决，而与项目发起人的沟通有时也不能获取自己想要的信息。基于此，平台可以建立专家咨询系统，为投资者提供一些专业的咨询服务，帮助投资者获得更多有用的信息。其三，构建完善的物流体系。用农产品作为投资者回报的一部分在

农业众筹中非常常见，这种方式涉及农产品的邮寄，如果平台能够提供相应的物流服务，那么便可以极大提高众筹发起者操作的效率，进而提高平台对众筹发起者的黏性。因此，当农业众筹平台规模较大时，可以考虑构建完善的物流体系。基于当前各大物流公司的物流体系已经发展比较成熟，所以农业众筹平台物流体系的建设可以依靠这些大的物流公司，与他们进行深度的合作，完善自身的物流配送体系。

2.建立信任机制

农业众筹是一个新兴事物，在互联网金融不断出现问题的今天，很多人对农业众筹顾虑重重。因此，要提高人们对农业众筹平台的信任，需要建立信任机制，具体措施包括以下两个方面。其一，保障资金的安全。投资者最为关注的就是资金的安全性，为了打消投资者的担忧，平台要妥善处理筹集到的资金。目前比较常见的方式是交由第三方金融机构进行管理，众筹发起者要使用这些资金需要向第三方金融机构申请，并且在发起者使用资金的过程中，第三方金融机构有权对其进行监督，并将资金使用情况向投资者进行披露，让投资者了解资金的去向以及使用情况。其二，保障农产品的质量。除了对资金安全情况担忧，很多投资者也对农产品的质量存在担忧，害怕农产品不能达到预期约定的质量。基于此，平台应发挥其监督者的作用，督促项目的实施。具体做法有三：第一，平台与众筹发起者就项目实施签订保证书，要求项目实施按照约定进行，如不使用农药、化学激素，使用有机肥等，以此来进一步保证农产品的质量。第二，平台可以要求众筹发起者在实施项目的同时安装24小时监控设备，将监控视频定期上传平台，方便投资者了解种植的情况。第三，平台在与投资者沟通的基础上组织投资者参观和考察项目实施地，这样投资者便可以近距离观察农产品的种植情况，从而使投资者在与农产品的零距离接触中提高信任度。

(三) 众筹发起者层面：提升品质，创新项目

1.提升产品质量

对于众筹发起者来说，提升产品质量是保证其项目持续发展的重要前提，原因是一旦质量无法保证，众筹发起者就将失去投资者的信任，进而引发信任风险，这不仅影响当前项目的持续发展，还会影响其他项目的开发。因此，在实施项目的过程中，众筹发起者一定要加强对项目的管理，如拒绝农药、化肥的使用，保证农产品的绿色健康。当然，众筹发起者个人的力量是有限的，所以如果当地有一些龙头企业，众筹发起者可以寻求与他们合作，引入一些先进的经验和农业技术，以此来提高农产品的质量。

2.打造农业品牌

要想实现项目的可持续发展，在保证农产品质量，获得投资者与平台信任的基础上，还需要打造农产品品牌，进一步提高产品的影响力，逐渐形成品牌效应。在农业品牌打造的过程中，质量至关重要，但"酒香也怕巷子深"，所以众筹发起者不能只关注农产品质量，还需要在其他方面做出一些努力。具体措施可参考以下几点。其一，结合地域特色打造特色农产品，使产品具有独一无二性。其二，为项目发起者打造独具特色的个人形象，使项目发起者与投资者和其他消费者逐渐建立起情感纽带，进而提升品牌的美誉与影响力。其三，借助互联网进行营销宣传，扩大产品的知名度，同时设计一些有特色的产品包装，提升产品的附加价值。

总而言之，"互联网+农业众筹"模式的出现为更多具有农业创业梦想的人提供了一个机会，也为更多想要参与到农业投资中的人提供了一个途径，同时拓宽了乡村农业发展的路径。但作为一个新兴事物，只有实现可持续的发展，才能持续为乡村农业发展提供助力，这就需要涉及其中的政府、农业众筹平台和众筹发起者共同努力，从而在三者的共同牵引下实现"互联网+农业众筹"模式的可持续发展。

第三节 "互联网+品牌农业"打造互联网农业品牌

一、"互联网+品牌农业"解读

（一）品牌农业

要了解品牌农业，首先要了解何为品牌。品牌是一种标志、一种象征，它代表着人们对一个企业的信任，代表着人们对一个企业文化价值的认知度，所以品牌是一种商品综合品质的体现和代表，能够给其所有者带来品牌附加值。品牌农业即在品牌的概念上限定了产业的范畴——农业，同时农业产业具有的独特特征赋予了品牌农业更多的内涵。概括来说，品牌农业就是指农业生产经营者经由有关质量标准体系的认证后，获得相应的商标注册权，在市场上有较高的知名度，能够使消费者形成高度认可，能够取得消费者的高度信任，且在市场上的竞争能力较强，拥有良好的社会口碑，能够获得较高经济收益的农业。

与传统生产、加工、经营方式的农业不同，品牌农业通常具有以下五个特征。

（1）安全性。安全性是消费者最为关注的一个点，原因是农产品不同于衣服、鞋子等实用性的产品，农产品是食用性的，如果农产品的安全性得不到保证，将直接危害消费者的身体健康。品牌农业能够保证农产品生产的质量和安全性，这是其形成品牌的基础，也是赢得消费者信任的基础。

（2）标准化。品牌农业农产品的生产和加工都是按照标准化的流程进行的，该流程经过了反复的验证，形成了企业标准，确保生产和加工出来的农产品具有安全和质量保证。

（3）产业链性。品牌农业一般形成了较为完整的产业链，产业链贯穿第一产业、第二产业和第三产业之中。

（4）生产与经营规模性。与以往农户经营的农业不同，品牌产业一般形成了一定的生产与经营规模，而规模化的生产与经营有助于现代化生产模式的形成，同时降低了生产和经营的成本（依据边际效应），从而在为消费者带去优惠的同时也不降低企业的利润。

（5）价值性。通过品牌的定义可知，品牌可以作为一种增值的无形资产给其所有者带来品牌附加值。品牌农业同样如此，其较高的知名度、消费者较高的信任度能够促使其形成良好的社会口碑，从而提高其价值性。

乡村农业要想实现可持续的发展，就必须要打造属于自己的品牌，凸显自己的特色，满足消费者的个性化需求。因为随着消费者消费水平的提升，消费者的需求也在不断变化，所以只有满足了消费者需求的变化，才能在激烈的市场竞争中有一席之地。与此同时，互联网的出现拓宽了品牌农业建设的路径，但互联网平台是开放的，几乎任何一种农产品都可以入驻互联网平台，通过这一平台进行宣传，如果利用得当，便可以缩短品牌形成的时间。因此，要想更充分地发挥互联网的作用，就需要对互联网进行更为系统的分析，建立互联网思维，使其成为促进农业品牌建立的催化剂。

（二）互联网思维

互联网的出现打破了距离上的限制，同时也带来了网络化效应，在这种变革下，企业也应该改变以往的思维模式，逐步形成并运用互联网思维。所谓互联网思维，简单来说就是具有零距离、网络化特征的思维，这是基于互联网消除距离限制、形成网络效应的特点而定义的。当然，这是对互联网思维最基础的定义，要想进一步了解互联网思维，还需要理解以下四点。

（1）互联网思维并不是因为互联网的诞生才出现的，这种思维一直存在，只是互联网的出现使这种思维体现得更为明显。

（2）互联网思维是一种新的生产力，而生产力往往与特定的生产关系相对应,也就是说一些在以前被奉为金科玉律的标准可能将被淘汰,所以互联网思维具有改革和创新的力量。

(3)互联网的出现使原有的生产价值链出现了变革甚至重建和改造,所以互联网思维的运用也可能会对企业产生颠覆性的改变,这种改变无疑是一个系统的过程,需要谨慎对待。

(4)互联网思维的运用不仅可以打破现有的链式价值生产过程,从而向无边界价值网络进行转化,还可以使企业的价值将更加集中、社会分工更加细致。

通过前文对品牌的解读可知,在当前市场竞争愈加激烈的今天,只有打造出强有力的品牌,才能赢得更多消费者的信任,才能赢得更多的市场份额。因此,企业必须要将品牌的打造与宣传作为企业发展的一个重要战略。就企业品牌的宣传来说,不能采取以往那种以企业为核心,围绕企业进行展开宣传的方式,而是要以消费者为核心。显然,互联网思维的提出与践行极大地契合了企业品牌传播以用户为核心、"传者—受者"互动为常态的特点,也增加了更新审视角度、更多营销手段和更大传播范围的可能性。这种基于互联网思维的品牌传播正在颠覆传统产业的营销方式,使传统商业模式产生革命性的变化。[1]

总之,企业需要充分利用"互联网+"、大数据、云计算等信息技术,对市场、产品、用户、企业价值甚至整个商业生态进行重新审视和思考,形成并利用互联网思维,而互联网思维无疑为农业品牌的打造提供了更多的方向和路径,具体笔者将在下文做进一步论述。

二、打造互联网农业品牌的方向与具体路径

(一)打造互联网农业品牌的方向

打造互联网农业品牌并非一件容易的事,虽然互联网的出现能够助推农业品牌的形成,大大缩短品牌形成的时间,但企业仍旧需要做出巨大的努力。通过分析当前的农业市场以及农业品牌的形成情况,笔者认为互联网农业品牌建设的方向大致有三个:细分品类领导品牌、专属消费品牌与服务品牌。

1.细分品类领导品牌

从人们的需求来看,人们对农产品的需求非常多元,而在选购自己所需要的农产品时,往往会受到品牌的影响,优先选择那些品牌效应比较大的产品。

---

[1] 宝凯馨,林刚.基于互联网思维的品牌传播策略研究——以小米手机为例[J].品牌(下半月),2014(6):78-80.

例如，秋季是吃螃蟹最佳的季节，同时这个季节又赶上中秋节和国庆节，因此对螃蟹的需求量比较大，在众多的螃蟹品牌中，"阳澄湖大闸蟹"备受人们的青睐，这便是品牌效应的影响。其实，农产品的种类非常之多，但产品的同质化现象非常严重，很多种类的农产品都没有出现像"阳澄湖大闸蟹"这样的领导性品牌。但从某种层面来看，正是因为还有很多农业产品仍旧没有出现领导性的品牌，就为这些农产品的农业品牌留下了打造的空间。在未来，随着人们对品牌的愈加重视，随着农业品牌化的不断发展，相信越来越多种类的农产品都会逐渐出现细分品类中的领导品牌。

2. 专属消费品牌

人们对于农产品需求的多元不仅体现在种类上，还体现在对农产品层级的需求上，在不同的阶段、不同的场合、不同的时间，人们对农产品的需求都不同。比如，在日常生活中，人们对农产品的需求主要是为了满足基本的饮食需求，更注重农产品的安全性，而在一些特殊的场合（如请客）、特殊的时间（如节日），人们对农产品需求的层级将提高，除了注重农产品的安全性，还注重农产品的品质，甚至注重农产品所体现的饮食文化。基于此，笔者认为可以将农产品大致分为两个层级：①普通农产品，主要是为了满足人们市场饮食的需求，属于生活必需品，安全性是基础；②中高端农产品，除满足饮食需求外，还满足人们的一些特殊需求，如营养、品质、特色等，所以一些特色农产品也属于中高端农产品的行列，安全性同样是基础。因此，针对农产品品牌建设的一个方向就是在层级上进行一定的划分，针对不同的层级，打造与其相应的专属消费品牌。

3. 服务品牌

在前文，笔者曾多次指出乡村产业融合发展的趋势，其中便包括农业和服务业的融合。尤其在今天，人们对于服务的重视程度与日俱增，所以通过服务去打造农业品牌无疑也是一个发展的方向。其实，从产品营销的整个过程来看，服务自始至终都不可或缺，包括产品的推广服务、购买服务以及售后服务，如果能够为消费者提供良好的服务体验，就能够为消费者带去良好的购买体验，从而提升企业与产品的品牌口碑，如"三只松鼠"，其品牌快速形成的一个原因就是从细节处入手的服务品质。总之，在产业融合发展的大趋势下，将服务品牌作为农业品牌建设的一个突破点无疑是一个不错的选择，但我们也应该清醒地认识到服务只是打造农业品牌的一个途径，其基础是农产品，不能为了服务而服务，要兼顾农产品的质量，这样才能使形成的农业品牌更为长久。

（二）打造互联网农业品牌的具体路径

在发展互联网农业品牌化的过程中，应该将生产、流通、推广、消费等环节通过互联网平台进行有机融合，打破以往农业品牌建设中生产、流通、推广、消费等环节相互割裂，消费者体验差、参与度低的状态，使农业的整个生产链有机融合为一体，从而快速推动农业品牌化发展。

1."互联网+"下的规模化、智能化生产

要在农业借助互联网进行品牌化发展的过程中融入规模化、智能化的生产理念。所谓规模化，顾名思义，就是生产具有一定的规模，这样才能在市场中产生一定的影响力和知名度。比如，近些年备受人们喜欢的农业观光休闲景点，正是因为具有一定的规模，才能形成壮观的场景，如万亩油菜花、万亩桃花林等。智能化是现代农业发展的必然趋势，引进智能化的生产设备不仅可以提高生产效率，还可以使生产流程更加标准化，从而提高产品的品质，提高人们对农产品的信任程度。例如，新疆棉花的生产早已经脱离了传统的人工生产模式，实现了高度的机械化、智能化生产，北斗卫星导航系统、高分卫星观测系统、风云气象卫星等现代化航天装备的助力使新疆棉花生产的效率大大提高，也在一定程度上提高了新疆棉花的品质，进一步扩大了新疆棉花优质招牌的影响力。

2."互联网+"下绿色、可追溯的加工模式

食品安全问题一直是消费者最为关注的话题，消费者希望买得方便，更希望能够买得放心、吃得安心，而绿色、可追溯的加工模式无疑给消费者吃了一颗定心丸，让消费者能够清楚、明了地看到加工过程，从而消除对食品安全的担忧。首先，企业要树立绿色加工理念，保证食品加工过程的绿色和健康。其次，企业要借助互联网平台将加工的过程进行动态化、透明化的展示，推倒矗立在消费者与食品加工中间的那道隐形的墙。最后，企业要建立产品加工的可追溯机制，让广大消费者对产品加工进行监督，消费者有任何疑问都可以通过产品追溯机制获取想要了解的信息，以此将企业负责任、消费者至上的形象逐渐植根到消费者心中。

3."互联网+"下的多渠道推广

对农产品进行推广是提高其市场知名度的一个重要途径，在互联网时代，随着各种互联网平台的不断崛起，人们不再单纯集中在某一个平台中，而是分散在各个互联网平台中，所以农产品的推广也必然是多渠道同步进行。目前来看，微博、微信、视频平台（如腾讯视频、优酷视频）、短视频平台（如抖音、快手）、购物平台（如淘宝、京东、拼多多）是几个主流的互联网平台，农产

品的推广渠道可以以这几个主流平台为主。当然，不同的互联网平台都有其自身的特点，这些特点对特定的人群具有较大的吸引力，所以不同的互联网平台人群也存在些许的差异，在借助这些互联网平台进行推广的时候，企业可以结合自身农产品的特色针对不同的平台有不同的侧重。

4."互联网+"下保质、快捷的流通模式

与线下购物直接获得商品不同，网络购物有商品配送期，商品配送期的长短不仅影响消费者的购物体验，还可能对产品的品质造成影响，尤其对于农产品来说，保质是一个核心诉求。"互联网+"下农业品牌的打造不能缺乏网络购物这一渠道，但只有实现了保质、快捷的流通模式，才能给消费者带去良好的购物体验，才有助于农业产品品牌化的发展。要实现农产品保质、快捷的运输，就必须要有完善的物流体系作为支撑，尤其要具备冷链物流系统，这样可以大大降低农产品腐烂、变质的风险。

5."互联网+"下体验式的消费模式

随着人们生活节奏的加快、工作压力的加大，人们对休闲的渴望越来越强烈，对回归自然、返璞归真的渴望尤甚。在这种背景下，农业休闲旅游逐渐兴起。农业休闲旅游就是让消费者走进农业生产基地，让消费者在融入大自然的过程中实现身心的放松。与此同时，消费者在观光体验的过程中，对农业生产有了更为深入的认识，并且在近距离的接触中产生了信任感，有助于品牌的形成。例如，河南鄢陵的花木生产基地依据花朵春夏秋冬四季变化的特点，打造适合各个季节的观光休闲活动，吸引了大量的游客参观。另外，基地还设计了与鲜花有关的生产加工工艺展示模块，为游客揭开了生产加工工艺的面纱；还设置了文创产品设计体验区，游客不仅可以了解花草苗木，还可以进入体验区了解和体验文创产品的设计过程。这一系列的体验安排为游客带去了震撼的效果，深受游客的喜爱，赢得了非常好的市场口碑。

6."互联网+"下全方位的服务模式

在农业品牌化发展的过程中，可借助互联网构建全方位的服务平台，以此来推动农业品牌化的进程。该平台借助大数据与云计算技术，提供包括信息的收集、专家诊断与管理、专门的策划、专业的推广等在内的服务。同时，为了便于平台的管理以及提高服务的效率，可以将平台系统分为多个子系统，如市场调研与分析系统、专家诊断与策划系统、文化创意设计系统、实时监测与管理系统、推广系统、消费者体验系统等。就农业品牌的建设来说，全方位服务平台的建设能够进一步整合现代农业的产业链条，实现一体化的有机融合，从而推动农业品牌化的进程。

三、运用互联网打造农业品牌的企业案例

（一）三只松鼠

三只松鼠股份有限公司（以下简称"三只松鼠"）成立于2012年，借助互联网发展的趋势，"三只松鼠"在短时间内形成了品牌定位，并取得了巨大的成功。"三只松鼠"成立于网购大流行时代，其目标定位是热衷于购物的"80后"和"90后"，经营的产品为年轻群体喜爱的松子、夏威夷果、榛子等农产品，并且为了迎合"80后""90后"等年轻群体的喜好，在店铺的设计上，"三只松鼠"强调时尚和潮流，品牌的形象设计紧紧贴合其品牌名称，设计了三只可爱的卡通版的松鼠形象。在形象设计的基础上，"三只松鼠"从细节入手，为消费者提供了周到的服务，如为购买产品的消费者提供湿巾、剥壳器、封口夹、吐壳袋等，虽然只是很小的一些工具，但却让消费者得到了良好的购物体验，提升了消费者对品牌的好感度。而为了进一步树立其品牌形象，"三只松鼠"也在这些小工具中融入了一些设计，如印上"三只松鼠"的logo，并给这些小工具命名（湿巾命名为"鼠小巾"，吐壳袋命名为"鼠小袋"，等等）。

在产品的运营上，"三只松鼠"利用大数据与云计算技术，对目标群体的消费需求进行分析，然后开展精准的个性化即定制化销售模式，从而使其品牌能够持续获得消费者的喜爱。另外，"三只松鼠"还成立了专门的客服团队，与消费者进行交流和互动，而互动的平台不单纯局限于电商平台，在微信平台、微博平台、短视频平台中客服均与消费者进行积极的互动，拉近了品牌与消费者的距离。在互动交流的过程中，"三只松鼠"对收集的意见进行系统的分析和研究，并将其作为优化自身品牌的重要依据。为了使消费者获得良好的购物体验，"三只松鼠"对下单环节、交易环节以及物流环节不断进行优化，争取在最短的时间内将商品送到消费者的手中。

在互联网时代，人们获取信息的渠道越来越多元，微博、微信、视频网站等平台不断崛起，而用户便分散在这些平台中，这对于农业品牌的建立是一把双刃剑，有利的是产品宣传可选择的平台更多，但这些平台中含有的大量信息也使农业品牌信息被淹没其中。"三只松鼠"无疑实现了数据信息的平台化运营，打破了数据之间的界限，也通过一系列举措使自身从众多的信息中脱颖而出，这为其他互联网农业品牌的建立提供了可参考和借鉴的经验。

（二）好想你红枣

好想你健康食品股份有限公司的前身是成立于1992年郑州市新郑县奥星食品厂，2009年8月18日，整体变更为好想你健康食品股份有限公司（以下

简称"好想你")。2016年,面对互联网越来越汹涌的浪潮,"好想你"决定进一步转型升级,即运用互联网思维实现产品、渠道与用户的全面调整与升级。其实,早在2012年,"好想你"便开始了互联网品牌化之路。在产品方面,"好想你"引入了智能化的生产技术,告别了传统低效的生产模式;在渠道方面,"好想你"同步发展商超、专卖店和电商,拓宽了产品销售的渠道;在目标用户的定位上,"好想你"在对当前用户进行分析的基础上,结合市场发展情况,将未来的目标用户定位为工作较稳定、文化程度较高、对生活品质有较高追求的群体。这些变革帮助"好想你"逐渐走上了红枣领域的领先地位,形成了较强的品牌效应。

但是,互联网的发展是迅速的,虽然仅仅几年的时间,但和2012年相比,2016年的互联网世界已然发展成另外一番模样。为了进一步巩固红枣领域的领先优势,"好想你"再次进行转型升级,开始积极拓展其产业链的广度与深度。在产品生产上,"好想你"对生产设备进行了升级,使产品品质进一步优化,并积极研发满足中高收入人群的优质枣产品;在产品设计上,"好想你"通过对公司产品线的系统梳理,创造性地将产品分为1.0类、2.0类、2.5类、3.0类、4.0类五个产品时代,并对每个时代的产品进行了科学定义,也就是说,红枣产品的规划与投产首次有了明确的层级标准;在渠道建设上,"好想你"在原有三个渠道的基础上,开始着手于物流体系的构建,缩短了产品配送的时间。另外,"好想你"枣业也开始探索O2O模式,建立了线下智慧门店,这些智慧门店与线上商城、线下门店以及物流体系共同构成了一个O2O产业生态。虽然目前还处在探索阶段,但这是打造互联网产业品牌的必经之路,这种探索的勇气值得每一个想要打造互联网产业品牌的企业学习。

第四节 "互联网+营销"扩大农产品营销战略

一、农产品互联网营销的内涵与特点

(一)农产品互联网营销的内涵

农产品互联网营销是指在农产品的销售过程中,利用各种信息技术,对农产品的供求、价格等信息进行发布与收集,并以网络为媒介,依托农产品生产基地和物流配送体系,为地方农产品提高品牌知名度,改善顾客服务、增进顾

客关系、开拓网络销售渠道的一种新型营销活动。[①] 农产品互联网营销并不能简单地理解为在网络上进行农产品的销售,因为互联网的内涵是丰富的,而且农产品本身也是多元的,所以农产品互联网营销同样也具有丰富的内涵。具体而言,其内涵主要包含以下几个方面。

(1)农产品互联网营销只是整个营销体系的一部分,是整个营销环节的一种策略、一个平台,并不能取代整个营销体系。从某种意义上来说,农产品互联网营销是伴随互联网产生而形成的一种营销模式,是传统营销依附于互联网而形成的一种新的营销模式,其基础仍旧是好的农产品,也不能脱离农产品的供应商。另外,不同种类的农产品对营销渠道的匹配程度也不同,如果忽视了农产品的特征,可能反而会产生反面的影响。

(2)农产品互联网营销不能以是否成功销售出农产品作为营销成功与否的判断标准。从网络上将农产品销售出去只是农产品互联网营销的一部分,有时农产品互联网营销虽然没有直接将农产品销售出去,但却起到了品牌推广的作用,扩大了品牌的影响力。尤其在O2O模式逐渐兴起的今天,线上线下是融合在一起的,既可以是线下体验带动线上的销售;又可以是线上的营销带动线下的销售。因此,要站在一个更加广阔的视角去理解农产品互联网营销。

(3)农产品互联网营销需要不断创新。互联网的出现及发展拓宽了农产品营销的渠道,同时变革了传统营销理念下消费者与生产者的关系,企业要顺应时代发展的趋势,抓住互联网发展带来的机遇。当然,像很多事物一样,互联网也是一直在发展和变革的,并且其发展和变革的速度非常之快,企业不能因循守旧、故步自封,要结合互联网发展的趋势不断创新改革,形成与时俱进的互联网营销理念,这样才能最大限度地发挥互联网的作用,助力农产品的营销。

(二)农产品互联网营销的特点

1. 互联网营销可以实现即时的点对点互动

消费者在购买产品的过程中,如果能够和商家进行即时的互动,及时了解到自己想要了解的信息,购买的意愿将会大大提高。互联网营销借助互联网平台实现了消费者与农产品商家的即时互动,消费者在任何一个时间段与农产品商家沟通,都会有客服为其服务,没有实体店所谓的时间约束。另外,与消费者的多渠道(通过多家互联网平台,如微博、抖音等)沟通与即时互动也使农

[①] 梁瑞仙.我国农产品网络营销存在的问题与对策[J].山西农业科学,2015,43(12):1690-1692.

产品商家有了更多的机会去了解消费者的情况，从而在分析消费者情况的基础上对产品和营销模式进行改革或完善。

2.互联网营销可以降低成本，提高效率

互联网已经逐渐渗透到人们的日常生活中，对人们的生活产生了重要的影响。尤其对于青年群体来说，互联网已经成为日常生活中不可或缺的存在。同时，这些群体又是消费的主力军（包括线上消费和线下消费）。但青年群体对农产品的关注度并不是很高，在选择农产品时，往往会依据农产品的品牌去选择。因此，农产品企业要借助互联网这一连接农产品和青年群体的媒介，对农产品进行品牌宣传，让更多的青年群体能够了解企业所经营的农产品品牌。相较于传统的媒体，互联网因其开放性，营销的成本更低，而且互联网用户数量庞大，如果营销得当，便可以以较低的成本得到较高的宣传效率。

二、农产品互联网营销当前存在的问题

（一）与消费者的互动不充分

农产品营销（包括互联网营销和线下营销）的对象是消费者，要想使营销的效率最大化，就需要对消费者有一个全面的了解，包括了解消费者的消费心理、消费行为、消费需求等，而对消费者的理解来自与消费者的深入互动。但是，目前很多农产品企业与消费者的互动并不充分，有些农产品企业和消费者的互动仅仅停留在交易的范畴内，如果双方没有产生交易关系，农产品企业很少会主动就其他话题与消费者互动；还有一些农产品企业传统观念较重，他们囿于自身农产品的标签，认为年轻消费者更喜欢潮流和时尚的内容，对农产品这些"土"产品不感兴趣，所以将更多的精力放在农产品本身。将重心放在农产品上的做法无可非议，任何营销方式都是以农产品作为基础，但产品面向的是消费者，如果产品不能满足消费者的需求，即便产品的品质再好，也可能会面临无人问津的尴尬境地。因此，在注重农产品品质的基础上，在借助互联网进行农产品营销的过程中，一定要与消费者进行深入的互动，如在多个互联网平台上与消费者进行深入的交流，收集消费者的看法和建议，以此作为农产品开发的重要参考，从而使农产品既具有品质，又满足消费者的消费需求。

（二）品牌推广的深度不足

关于农产品品牌的作用，笔者在前一节已经进行了较为系统的论述，而推广农产品的品牌也是农产品互联网营销的一个目的。但是，在具体的品牌推广中，很多农产品企业都没有形成互联网思维，只是将互联网作为品牌推广的一个平台，推广的方式仅仅是在各大互联网平台对品牌进行曝光。这样做对于农

产品的品牌推广确实起到了一定的作用,但这种推广方式的思维模式仍旧没有从传统的电视、电台推广中跳脱出来,依旧将重点放在了曝光度上。如今大众的观念已经发生改变,仅仅通过曝光产品进行宣传所起到的作用大不如前,有时反而会引起大众的反感,认为这些品牌只是为了曝光而曝光。由此可见,很多农产品品牌借助各大互联网平台进行的推广只是做到了广度的扩展,但深度依旧不足。

(三)营销的个性化不足

个性化指明显的个性差异。在任何时期,人与人都是存在差异的,只是在不同的历史条件下,这种差异会被放大或缩小。在市场经济不发达的时期,人们对生活的追求更多停留在物质层面,而企业面对大众时,考虑的也是大众需求。而随着社会经济的不断发展,人们的物质需求逐渐得到满足,人们的个性被逐渐放大,个性化的需求也因此而产生。在面对个性化需求越来越明显的大众时,企业以往那种满足大众需求的模式已经不能帮助企业获得大众的认可,而且随着农产品同质化现象的加重,个性化的营销就显得愈加重要。不可否认,虽然农产品的种类非常丰富,但农产品同质化的现象却越来越严重,从产品着手,使产品从众多同质化的产品中脱颖而出非常困难,相比较而言,个性化的营销要简单得多。当然,农产品个性化营销的简单是相对而言,就这件事情本身来说也并非易事。个性化的营销不仅要具有个性特点,还需要满足消费者的喜好,否则便成了企业一个人的狂欢。而要满足消费者的喜好,就需要对消费者有一定的了解,这再次说明了与消费者深入互动的重要性。

三、农产品互联网营销的具体策略

(一)注重互动营销,增强消费者黏性

利用互联网对农产品进行营销,不能单纯地将营销目的放在提高产品曝光度这一层面,要注重与消费者的互动,增强消费者黏性。的确,面对日新月异的互联网技术,特别是移动互联网技术,如今的营销传播越来越像是一种企业和消费者之间的私人对话,企业不仅要回答"如何才能找到我们的客户"的问题,还要想清楚"客户如何才能发现我们"的问题,更要弄明白"客户如何才能充分信任我们"的问题。从消费者情感体验的角度来看,消费者对营销过程的参与度越高,越容易与企业之间产生情感上的联系,从而增强黏性。因此,在农产品的互联网营销中,企业要实现从传统的大众媒体营销向更有针对性的互动营销转型。

企业要实现与消费者的积极互动,首先要了解互联网电商平台以及社交平

台的现状，即消费者目前并不是集中在某一个电商平台或者社交平台，而是分散在多个社交平台（如微信、微博、抖音等）以及电商平台（如淘宝、京东、苏宁、拼多多等）中，所以企业需要在各个互联网平台进行布局，这样才能接触到更多的消费者。这一点其实并不难做到，只需要在各个平台中注册账号即可，甚至可以申请注册官方账号。其实，在具体的实践中，很多农产品企业也确实进行了多平台布局，但这仅仅是第一步，如何在此基础上与消费者进行深入且有效的互动，才是至关重要的一步，也是比较困难的一步。在此，笔者提出以下几点建议。

（1）通过客服群体，在各个平台中与消费者进行聊天互动，如当官方账号的动态下有消费者评论时，客服可以结合消费者评论的内容，给予正式或者诙谐的回复，以此拉近品牌与消费者的距离。

（2）通过明星或者比较有影响力的博主引导消费者进行间接互动。这种操作模式比较复杂，具体实践中可以按照1∶9∶90的定律进行分级，其中，"1"代表明星，"9"代表影响力比较大的博主，"90"代表大众群体。"1"所代表的明星主要起到引起消费者关注和讨论的目的；当有了较大的关注度后，便邀请一些影响力比较大的博主进行宣传，宣传的内容主要为优质的文字或视频，在文字或者视频内容下博主需要与消费者进行积极的互动，引导消费者购买产品；在消费者购买产品之后，只要产品品质能够保障，产品必然能够得到消费者的喜爱和信任，这时便会出现消费者效仿博主的情况，即消费者在自己的个人账号中撰写产品使用心得，以便借助优质的产品为自己吸引流量。此时，产品品牌与消费者已经形成了一种间接的互动，其效果甚至超过了直接的互动。

（3）当产品品牌具有了一定的用户群体之后，便可以借助微信社群进行私域流量的经营。例如，当消费者购买产品之后，企业在包裹中附带一张红包卡，卡片上为企业客服经营的个人号的二维码，消费者扫码关注个人号后可以得到1～2元的红包。这样，通过非常低的成本，企业便可以获得一个公众号粉丝和未来潜在的群成员。个人号是与企业官方账号相互补充的，在个人号中，客服人员可以每天发布一些高质量的内容与消费者进行互动，引发用户关注和讨论，同时将各种直播、抽奖、优惠活动、用户调研等发布到个人号中，进一步增加与用户的互动。

总之，互联网的出现打破了企业与消费者之间的空间距离，企业不需要与消费者面对面接触便可以实现深入的互动，企业要善于抓住互联网的这一优势，通过多种渠道、多种方式不断与消费者进行互动，这样不仅能够使品牌的推广更为深入，还可以增强消费者的黏性，同时在与消费者的互动中了解消费者信息，进而更好地指导农产品的生产以及下一步的营销策略。

（二）利用大数据、云计算等技术，实现营销的个性化与精准化

在前文提到，要实现营销的个性化，需要了解消费者的喜好，实现精准化的营销。在大数据、云计算等技术出现之前，虽然有些人意识到了互联网海量信息的重要性，即通过分析互联网中海量的信息，了解不同消费者的不同喜好，进而结合消费者个性进行精准营销，但由于技术的限制，这一设想一直没有得到实现。直到大数据与云计算等技术出现，营销的个性化与精准化才逐渐成为现实。基于这一技术背景，农产品企业在进行互联网营销时也要充分利用大数据、云计算，从而实现农产品互联网营销的个性化与精准化。具体来说，主要从以下两方面来实现。

1.整合各平台的用户数据

目前用户分散在各个互联网平台，如微信、微博、抖音、淘宝等，每一个平台都会产生大量的用户数据。农产品企业需要将这些分散在各个平台的用户数据收集到一起，然后利用大数据与云计算等技术对其进行处理，从而挖掘出对农产品营销有用的用户信息。在挖掘出企业所需要的数据信息后，需要对用户进行进一步的实时追踪，不断深化对用户的认知，最后针对不同的用户提供不同的个性化营销服务。

2.精准定位目标群体与广告投放

借助大数据与云计算技术可以找到目标群体，由于目标群体也存在一定的差异，所以在针对目标群体投放广告时也要针对性投放，即不同的目标群体看到的广告内容是不同的。在投放广告的过程中，还可以结合实时的反馈来不断调整广告投放的策略，从而使广告的投放处于一种张弛有度的状态，而不是一成不变的。这种广告投放模式具有较高的性价比，原因是所投放的内容以及观看广告内容的用户更有针对性，即俗话所说的"把钱花在了刀刃上"。另外，在大数据与云计算等技术的支撑下，广告的播放还可以产生一定的关联性，即目标群体所看到的不同广告之间可以进行某种程度的互动，这样便可以产生一种叠加效应，使广告的效果进一步加强。

第七章 康庄大道：农村电商可持续发展的路径

第一节 农村电商可持续发展政策支持体系建设与完善

一、农村电商可持续发展政策支持体系建设

通过分析农村电商可持续发展所涉及的内容,笔者认为农村电商可持续发展政策支持体系的建设大致可分为五个方面:农村电商基础设施建设的支持政策、农村电商服务中心建设的支持政策、农村电商物流体系建设的支持政策、农村电商人才培养的支持政策、农村电商法律法规支持政策。下面,笔者便针对这六个方面依次展开论述。

(一)农村电商基础设施建设的支持政策

1. 农村电商基础设施建设的支持政策构建的目标

基础设施是农村电商可持续发展的基础,如果没有结构相对完整的基础设施支撑,农村电商的发展就会受到极大限制,甚至被阻碍。因此,有关政策的支持首先要指向农村基础设施建设。具体来说,农村电商基础设施建设支持政策构建的目标主要表现在以下三个方面。

(1)构建一个结构相对完整、功能相对齐全的农村电商基础设施体系。

(2)不断缩小城乡间的数字鸿沟,为城乡的融合发展奠定基础。

(3)不断完善乡村的数字化建设,推进农村农业现代化的进程。

其实,从农业农村部颁布的《2020全国县域数字农业农村电子商务发展报告》可知,我国县域当前的基础设施建设已经取得了初步的成果。截至 2019 年 10 月,全国行政村通光纤和通 4G 比例均超过 98%,贫困村通宽带比例达到 99%;信息进村入户工程全面实施,已在 18 个省份整省推进,其余省份也在积极开展有关工作,2019 年底建成益农信息社 38 万个,覆盖全国近 70% 行政村。[①] 当然,这一成就距离上述所说的三个目标还有一定的距离,我们还需要做出进一步的努力。

[①] 农业农村部信息中心. 2020 全国县域数字农业农村电子商务发展报告 [R]. 北京:农业农村部,2020.

2.农村电商基础设施建设的支持政策构建的内容

农村电商基础设施建设支持政策构建的内容主要包含以下三点。

（1）制定乡村道路系统建设的有关指导性政策。道路系统是连接城乡、连接各个乡村的基础，要建设县道通村、村道通户的道路系统，实现"城—县—村—户"的一站式通道，为农村电商物流系统的发展奠定基础。

（2）制定乡村网络基础设施建设的支持政策。《中共中央、国务院关于全面推进乡村振兴加快农业农村现代化的意见》明确指出，要继续把基础设施建设重点放在农村，加快农村公路、供水、供气、环保、电网、物流、信息、广播电视等基础设施建设，推动城乡基础设施互联互通。在这一政策的支持下，目前我国乡村网络设施建设的态势良好，而相关支持政策的制定主要是在此基础上进行进一步的完善，如宽带网络提速降费、Wi-Fi覆盖、4G与5G技术应用、消除信号覆盖阴影区、加密基站等。

（3）制定农村电商示范点、示范村的支持政策。随着农村电商的发展，越来越多的乡村开始尝试电子商务的模式，农村电商迎来了"井喷时代"。但从当前农村电商发展的现状来看，农村电商的发展有一种野蛮生长的态势，这显然不利于农村电商的健康可持续发展。造成这一现象的原因是复杂的，其中一个重要的原因是很多县域范围内没有成功的模式借鉴。鉴于此，可以制定农村电商示范点、示范村的相关政策，指导各县域结合自身的实际情况选择相应的示范点或示范村，然后按照示范点或示范村的模式开展后续的工作。

（二）农村电商服务中心建设的支持政策

1.农村电商服务中心建设的支持政策构建的目标

农村电商服务中心一般以村为单位，每一个村建设一个服务中心，形成"县—乡—村"三级服务体系。农村电商服务中心的建设是电子商务向乡村下沉的一个必然过程，只有借助农村电商服务中心，才能将服务下沉到乡村，甚至下沉到每一个消费者。具体而言，农村电商服务中心建设的意义表现在以下五点。

（1）农村服务中心建设是实现国家农村电商发展目标的要求和保证。

（2）农村服务中心建设是促使电商进村入户后落地生根的必要条件。

（3）农村服务中心建设是实现农村"互联网＋流通"的终点所在。

（4）农村服务中心建设能够为农产品的上行提供保障。

（5）农村服务中心建设是优化电商环境的重要内容。

农村服务中心建设的目标则主要体现在以下三点。

（1）构建"县城—乡镇—农村"三级服务站，为农村提供货物买卖相关的服务。

（2）扩大网点、物流在乡村的覆盖，为实现"县城—乡镇—农村"电商全覆盖奠定基础。

（3）提升农村电商发展水平，建设运营中心，优化仓储物流配送，方便商品运营推广和基地建设。

2.农村电商服务中心建设的支持政策构建的内容

为了充分发挥农村电商服务中心的功能作用，其建设需要满足以下两个要求。

（1）农村电商服务中心要有固定的办公场所，并且为了方便服务村民，办公场所的地点不能远离居民住所。同时，办公场所的交通要方便，能够接入网络。一般情况下，一个村落有一个服务中心即可，对于已经有企业服务站（如淘宝村）的，可以不再建设服务中心。

（2）在服务中心工作的人员要具备一定的专业知识和技能，能够熟练操作电商服务平台软件，以便有效解决村民遇到的一些专业性问题。

为了满足农村服务中心建设的上述要求，在制定相关政策时，内容应该包含以下四个方面。

（1）村级电商服务中心的建设要以县域为单位进行整体的布局规划，并在整体的布局规划下逐渐展开村级服务中心的建设工作，不能毫无规划、随意地在乡村开设电商服务中心。

（2）因为农村电商服务中心建设的地理位置有一定的要求，所以可以制定其建设所需用地的支持性政策。

（3）因为乡村电商发展面临着人才缺口，所以为了避免在农村电商服务中心工作的人才流失，可以制定一些人才保障的政策。

（4）建立农村电商服务中心的目的是给村民提供必要的服务，为了提高服务中心的服务质量，还需要制定一些规范性的政策，这样有助于服务中心的良性发展，从而保证农村电商的可持续发展。

（三）农村电商物流体系建设的支持政策

1.农村电商物流体系建设的支持政策构建的目的

农村电商要想实现可持续发展，物流体系的建设必不可少。2015年5月7日国务院出台的《关于大力发展电子商务加快培育经济新动力的意见》便明确提出要完善物流基础设施建设，包括支持物流配送终端及智慧物流平台建设、规范物流配送车辆管理、合理布局物流仓储设施等。自此之后，农村物流体系的建设便成了农村电商发展中的重要组成部分。例如，2019年颁布的《关于开展2019年电子商务进农村综合示范工作的通知》提出，以电子商务进农村综合示范为抓手，加强农村流通设施建设，提升公共服务水平，促进产销对接，探索数据驱动，打造综合示范升级版，构建普惠共享、线上线下融合、工业品下乡和农产品进城畅通的农村现代流通体系。目前来看，在一系列政策的引导下，农村电商物流体系的建设在不断完善，但要真正实现从村到户的无缝对接，还有很长的路要走。农村电商物流体系建设的支持性政策就是为了助推这一目标的实现，具体体现在以下三个方面。

（1）以县域为单位，整合县域内的物流资源，完善"县城—乡镇—农村—农户"的县域农村物流四级结构。

（2）进一步完善冷链物流体系，因为对农产品来说，冷链物流是不可或缺的，这是农产品保质、保鲜的必要手段。

（3）构建土特农副产品产供销管理体系，为农村电商提供全链条的物流核心业务以及附加服务功能。

2.农村电商物流体系建设的支持政策构建的内容

在现有农村物流体系建设相关政策的基础上，还可以从以下两个方面做出思考。

（1）制定鼓励各大物流平台进农村的政策，如鼓励各大物流平台将物流业务拓展至更多的乡村，鼓励农村供销社深入参与农村电商物流体系，等等。各大物流平台的入驻一是有助于农村物流体系的完善，二是有助于形成良性的竞争，从而促使乡村物流体系良性发展。

（2）制定将农村供销合作社纳入全国城乡市场发展规划的政策，在产地建设农产品收集市场和仓储设施，在城市社区建设生鲜超市等零售终端，形成布局合理、连接产地到消费终端的农产品市场网络。

（四）农村电商人才培养的支持政策

1.农村电商人才培养支持政策构建的目的

人才是支撑农村电子商务发展的一个重要基础，缺乏人才的支撑，农村电子商务的可持续发展就难以得到有效的保证。其实，就市场发展过程来看，广阔的市场前景必然会吸引大量人才的流入，这是必然的规律。但是，农村电子商务的发展却明显出现了人才发展滞后的现象，根据中国农业大学智慧电商研究院于2020年发布的《2020中国农村电商人才现状与发展报告》可知，2025年，中国农村电商人才缺口将达350万人。另外，目前参与农村电商的人才大多是中等文化水平，其中小学文化占比为1%，初中文化占比为50%，高中文化占比为32.5%，大学文化比例仅为16.5%。[①]虽然在国家一系列人才鼓励政策的引导下，越来越多的人才（包括高学历人才）选择到乡村发展，但仍旧不能满足农村电商发展所需要的人才缺口，这无疑会影响农村电商的可持续发展。因此，在国家宏观政策的引导下，各省、市、县还需要结合自身实际情况制定更为详细的人才培养政策。就当前农村电商发展的情况来看，农村电商人才培养支持政策制定的目的主要包含以下两点。

（1）建立以乡镇为单位的覆盖面广、培训操作规范、培训方式灵活的电商人才培养体系。

（2）吸引更多在城市发展的人才（包括从乡村迁移到城市的人才）、高校毕业生、喜欢乡村的人到乡村发展，同时减少乡村现有电商人才的流失。

2.农村电商人才培养支持政策构建的内容

面对农村电商发展存在的巨大的人才缺口，需要结合乡村发展现状更具针对性地制定人才培养政策。具体而言，主要包含以下五个方面的内容。

（1）制定农民参与电商培训的鼓励性政策，引导更多村民参与政府或企业组织的电商培训，使更多的村民了解电子商务，并逐步掌握一些相关的技能。

（2）以县域为单位制定细化的电商人才引进政策，确保政策能够准确落地。原因是在实际操作的过程中，一些省市一级的政策不够细化，一些电商人才到乡村之后不能准确依照政策落实，导致了电商人才的流失，同时产生了不良的影响。

（3）制定培训有关的场所、经济等支撑性政策。一些需要乡镇政策支持的公益性的电商培训活动不可避免会产生经济开销，所以需要相关经济政策的支持，以维持培训活动正常、持续举办。

（4）制定当地企业、电商平台开展电商培训的鼓励性政策。电商人才的培训仅仅依靠政府很难实现全县域的覆盖，还需要借助当地企业以及电商平台的力量，共同构建一个覆盖面广、培训操作规范、培训方式灵活的电商人才培养体系。

（5）制定促进企业、高校、县域合作的政策。一方面，帮助高校搭建校外实习基地，培养学生的实践能力；另一方面，通过这一方式给学生一个了解乡村的渠道和机会，促使更多学生留在乡村发展，缓解乡村电商发展对人才的需求。

---

① 中国农业大学智慧电商研究院.2020中国农村电商人才现状与发展报告[R].北京：中国农业大学智慧电商研究院,2020.

（五）农村电商法律法规支持政策

1. 农村电商法律法规支持政策构建的目的

法律是保证人民权益的重要手段，电子商务属于贸易的范畴，涉及人民最为关注的经济问题，所以必须要健全相关的法律法规。的确，电子商务作为一种新的贸易模式，不仅仅涉及经济和技术领域，还涉及法律领域。因此，在电子商务发展伊始我国便制定了相应的法律，并且随着电子商务的发展不断完善相关法律和规范。例如，《电子商务模式规范》《网络购物服务规范》《网络商品交易及有关服务行为管理暂行办法》《中华人民共和国电子商务法》等。当然，由于近些年我国电子商务发展的速度非常快，所涵盖的领域可能会越来越广，当现有的法律法规不能覆盖电子商务相关内容的时候，就必然需要对法律法规进行完善，以保证法律的建设与电子商务发展的步伐相一致。这也是制定农村电商法律法规支持政策的目的所在。

2. 农村电商法律法规支持政策构建的内容

目前，我国电子商务相关的法律法规较为完善，不仅能对平台进行监管，还能够督促平台进行好自我监管。以《中华人民共和国电子商务法》为例，该法规是比较健全的一部法规，一共包含电子商务经营者、电子商务合同的订立与履行、电子商务争议解决、电子商务促进、法律责任五个方面的内容，并从基础上细化出八十九条内容，为保障农村电子商务的可持续发展提供了相对完善的法律支撑。当然，在农村电子商务快速发展的同时，也隐约出现了野蛮生长的趋势，并衍生了一些问题，如果这些问题不能得到解决，其负面影响将会持续扩大，最终影响农村电商的可持续发展。因此，在农村电子商务现有法律法规的基础上，其支持政策构建的内容可以从以下两个方面做出思考。

（1）电子商务隐私保护有关的法律法规。隐私对于每个人来说都是非常重要的问题，但随着信息技术的不断成熟、电子商务的发展，个人隐私问题越来越突出，并引起了越来越多人的关注。不可否认，大数据与云计算的出现推动了电子商务的个性化与定制化发展，但对个人隐私的过度收集也影响了消费者对电子商务平台的信任度。其实，对个人信息适当收集，即在不侵犯消费者隐私的基础上收集个人信息，对于电子商务的可持续发展来说具有非常积极的意义，但如果信息收集超过了个人隐私的范畴，必然会引起消费者的担忧和反对。电子商务平台和消费者之间的这种矛盾如果得不到解决，发展得越来越严重的时候，也许会对电子商务造成毁灭性的冲击。因此，应针对电子商务隐私保护制定相应的法律法规，界定电子商务平台信息收集的权限范围，从而最大限度地保护消费者的隐私权益。

（2）规范直播带货的法律法规。笔者在前文对直播带货进行了多次分析，作为农村电子商务发展的一种新模式，直播带货具有巨大的市场潜力，这一点是毋庸置疑的。但是，目前来看，直播带货俨然已经出现了野蛮生长的情况，各种乱象多次出现在新闻报道中。各种乱象中比较突出的有两个：一是直播带货过程中存在虚假宣传的问题，往往将商品夸大，诱导消费者冲动消费；二是没有形成完整的售后服务体系，消费者面临维权难困境。从事物发展的规律来看，一个事物出现野蛮生长的态势后，其发展必然会泛起虚幻的泡沫，也必然会影响整体环境的良性发展，进而对整个电子商务造成冲击。因此，需要针对直播带货制定相应的法律法规，加强行业管理，建立行业标准、准入门槛，实施行业指导，提高从业人员素质，打击造假欺诈的行为，使直播带货行业能够在坚实的基础上有质量地发展，并成为农村电商可持续发展的助力，而非阻碍。

二、农村电商可持续发展政策支持体系完善的总体建议

我国的农村电子商务已经进入新的阶段，其在促进乡村发展方面的作用已然凸显，但与此同时，新的挑战和问题也逐渐显现。针对现阶段农村电子商务发展面对的新挑战，笔者从政策支持层面着手，从五个方面就政策支持体系的建设展开了论述，并提出了一些自己的思考。在本小节中，笔者将继续从政策支撑层面入手，站在一个宏观的视角上，就农村电商可持续发展政策支持体系的完善提出几点总体性的建议。

（一）进一步明确政府在农村电子商务中的职能定位

在新的发展阶段，农村电子商务面临着诸多新的挑战，为了更好地应对这些挑战，政府需要明确自身在农村电子商务发展中的职能定位，并做出进一步的努力。农村电子商务是一项庞大的社会系统工程，涉及金融、税务、政府部门以及管理职能部门等方面，并且随着农村跨境电商的发展，还涉及异地结算、海关等方面。在有些方面，政府需要充分发挥其职能，如法律法规制定、税务、知识产权保护、隐私权、安全问题等，这就需要制定具体的政策，甚至制定具体的法律法规，保障政策在这些领域能够行使其职权。而在某些方面，政府不能过多地进行管理，要充分发挥市场的活力，这同样需要一些政策性的文件对政府进行约束。总之，政府在农村电子商务的发展中发挥着重要的作用，只有通过相关政策文件进一步明确并定位政府的职能，才能实现政府职能作用的有效发挥，从而推动农村电子商务的可持续发展。

（二）营造良好的农村电子商务环境

良好的电子商务环境对于促进农村电商的可持续发展具有非常积极的作用，所以相关支持性政策的制定要有助于农村电子商务良好环境的营造。具体而言，相关政策制定上可以从以下几方面做出思考。其一，积极推进电子商务的应用。推进线上线下的融合发展，引导各有关部门落实促进商业模式创新、支持实体店转型的政策措施，加快推进传统零售业、批发业、物流业、生活服务业、商务服务业深化互联网应用，实现转型升级。其二，积极维护网络市场秩序。维护网络市场秩序是营造良好农村电商环境的重要环节，要加强信用体系建设，开展电子商务信用评价指标、信用档案等标准研究；建设电子商务信用基础数据库；健全部门信息共享和协同监督机制，建设商务信用信息交换共享平台，净化网络市场环境。其三，推动建立电子商务多双边交流合作机制。随着农村电子商务的发展，农村跨境电商的市场也逐渐扩大，但农村跨境电商同样面临着诸多挑战，为了进一步促进农村跨境电商的发展，需要在政策的引导下，推动建立电子商务多双边交流合作机制，为农产品企业积极参与国际合作与交流奠定基础。

（三）激发农民电子商务能量

农民是发展农村电子商务的基础力量，充分激发农民的力量对于农村电子商务的可持续发展具有重大的意义。目前，农村电子商务呈现蓬勃发展的态势，电子商务在促进农村经济发展方面的作用也日益凸显。但是，很多农民由于思想观念较为落后，对电子商务的认识不足，所以对电子商务仍旧保持一种排斥的心态，这在一定程度上影响了农村电子商务的发展。鉴于此，相关政策的制定要有助于激发农民电子商务的能量。比如，针对认识相对落后的地区，政府可以制定一些引导性的政策，督导乡镇一级开展电商培训课程，培训课程尽量涵盖与电子商务有关的多个方面，如理论课程、技能课程、操作课程等。再如，针对基础设施建设相对落后的地区，要制定基础设施建设的总体规划，加快基础设施建设，为激发农民电子商务能力奠定物质基础。总之，就农村电子商务发展的各主体而言，政府是引导者，企业是示范者，广大的农民是跟随者，也是基础力量，只有充分发挥基础力量，农村电子商务的发展之路才能走得更加长远。

第二节 农村电商可持续发展人才培养与创新

一、高校教育中电商人才的培养与创新

高校是培养高学历、高技能电商人才的重要场所，也是农村电商人才供给的重要渠道，对于缓解农村电商发展中出现的人才不足的困境，促进农村电商的可持续发展发挥着重要作用。在本小节中，笔者以高校教育为抓手，针对高校教育中电商人才的培养展开论述。

（一）高校教育中电商人才培养的多方价值

1. 对高校发展的价值

高校作为人才培养的教育机构，除了从专业技能的角度对学生进行教育，还需要对学生进行全方位的教育，使学生获得全面的发展，而不是仅仅掌握一门技能。基于这一思考，中共中央、国务院于2017年2月27日印发了《关于加强和改进新形势下高校思想政治工作的意见》，明确提出了"三全育人"（全员育人、全程育人、全方位育人）的教育理念，旨在培养中国特色社会主义合格建设者和可靠接班人。电子商务作为一项实操性很强的专业，高校对电子商务人才的培养不能仅仅停留在理论层面，这样不仅不利于学生专业技能的掌握，还不利于学生综合素养的提升。基于乡村快速发展且人才不足的背景，高校可以以学校教育为中心，将乡村电商企业、当地政府、培训学校等纳入整个教育体系中，构建一个电商人才培养的生态环境，这对于高校教育的发展具有非常重要的意义。

2. 对学生发展的价值

从学生短期发展的角度来看，专业技能毋庸置疑是一个重要的支持因素，但如果从学生长远的发展角度去看，综合素养才是决定性的因素。在"三全育人"教育理念的引导下，越来越多的高校开始重视学生综合素养的提升，实践教育课程、创新创业课程等明显增加。以电子商务专业为例，很多高校平衡了理论课程与实践课程的比例，适当增加了实践课程的占比，并积极与电子商务企业进行合作，定期组织学生到企业进行顶岗实习，有效锻炼了学生的实际操作能力。另外，面对农村电子商务广阔的市场前景以及人才不足的困境，很多高校将电子商务课程同创新创业教育以及乡村振兴战略有机结合到一起，使课

程实现了有效的外延。对于电子商务专业课程、创新创业教育、乡村振兴战略三者的关系，有些人认为不能将它们捆绑到一起，但如果对农村电子商务发展的现状有一定的了解，便不难看出三者之间的关联性。

创新创业教育是以培养具有创新素养和创业素质的人才为目标，是以培养学生创业意识、创新精神为主的教育，其本质是一种实用教育。但创业不是一件简单的事情，创业者需要对市场有一定的了解，同时创业也存在着一定的风险，所以很多学生虽然有创业的想法，但最终却没有将其落实。目前，农村电子商务正处于蓬勃发展的阶段，其广阔的市场前景说明了在该领域创业的可行性，同时一系列政策的支持又降低了创业的风险。对于电子商务专业的学生来说，围绕农村电子商务进行创业既能充分运用自己所学的知识，又可以避免一些进入其他行业创业的风险，无疑是一个不错的选择。另外，乡村振兴战略作为我国发展到现阶段的重大战略，对乡村和国家的发展具有非常重要的意义。学校要让学生认识到乡村振兴的重要意义，引导学生将目光放在乡村的发展上，并用自身所学知识助力乡村振兴战略的实施。这样无论是对学生发展，还是对乡村电子商务，或是对乡村的发展，都具有非常积极的意义。

3.对农村电商发展的价值

农村电商虽然发展的时间相对较短，但发展的速度非常快，如今已经进入到一个新的发展阶段，对人才的需求量也在逐年增加。但由于乡村发展的客观条件的限制，很多高校毕业的学生并不会将乡村作为第一选择，所以电子商务专业虽然每年毕业的学生不在少数，但对于农村电子商务人才不足的困境的缓解却非常有限。不可否认，在一系列政策的引导下，高校毕业生到乡村发展的人数呈现出逐年增加的趋势，但相较于农村电子商务的人才缺口，还存在一定的差距。高校围绕乡村电商企业、当地政府、培训学校等构建的电商人才培养的生态环境能够将高校与乡村有机地衔接起来，这种有机的衔接打通了一个学生了解乡村、了解农村电商的渠道，也提供了一个学生到乡村发展的渠道，这对于缓解农村电商人才缺口、促进农村电商的可持续发展具有非常积极的意义。

（二）高校教育中电商人才培养的创新路径

1.完善素质、能力课程体系

高校培养的电商人才不仅要具备专业技能，还要具备综合性的素养，所以需要进一步完善素质、能力课程体系。素质课程体系构建可参考表7-1，能力课程体系构建可参考表7-2。

表7-1 素质课程体系

学生应具备的主要素质	对应的课程	课程形式
政治素质	马克思主义哲学原理、邓小平理论概论、毛泽东思想概论、当代世界经济与政治等课程	课堂教学
职业素质	讲座、参观、社会实践等课程	实践活动
身体素质	体育与健康课程、军训	课堂教学与实践活动
心理素质	人际交往心理、社会心理等心理学有关课程	公共选修课
道德素质	思想道德修养与法律基础、社会实践等课程	课堂教学与实践活动
文化素养	文学鉴赏、音乐欣赏、摄影艺术等文化艺术类课程	公共选修课

表7-2 能力课程体系

能力分类	学生应具备的能力	对应的课程	课程形式
基本能力	语言和文字表达能力	演讲、口才训练等课程	公共选修课
	社会适应能力	社交礼仪课程	公共选修课
	计算机操作能力	计算机应用基础、网络技术应用等课程	课堂教学与实操训练
	逻辑思维与判断能力	逻辑学等课程	公共选修课
	一定的英语资料处理能力	英语课程	课堂教学公共选修课
专业能力与技能	具备本专业中网站和新媒体的制作、策划、维护、运营及数据库管理能力	网站制作技术、网络技术、JSP、SQL Server、新媒体运营、大数据管理等课程	课堂教学与第二课堂
	具备较强的农业类网站策划和管理能力	农业经济学、电子商务、网络营销、企业管理等课程	课堂教学与实操训练
	具备较强的商务谈判与营销策划能力	市场营销、商务谈判、营销策划等课程	课堂教学与实操训练
	具备相应的财务知识	基础会计课程	课堂教学与实操训练

2.创新电子商务人才培养教育模式

高校人才培养的模式不是一成不变的,而是应该随着社会的发展不断创新,以满足社会发展对人才的需求。高校电子商务人才培养同样如此,要不断改革和创新,才能应对电子商务的快速发展。

(1)订单培养模式。订单培养模式也叫人才定做,是指学校根据企业的需求去培养相适应的人才。订单培养模式解决了学生毕业后的就业问题,也解决了企业招人难、招人成本高等问题,所以无论是学校还是企业,都应该积极寻求彼此合作,签订人才培养合同,然后学校按照企业的需求,实行灵活的培养模式,并在学生学习过程中定期组织学生到企业顶岗实习,培养真正符合企业需求的电子商务人才。由于本科类院校人才培养强调宽口径通识教育,订单培养模式强调专业技能,所以订单培养模式更适用于一些职业类院校。

(2)校企联合培养。校企联合培养就是将企业纳入学生培养的体系中。电子商务专业是一门操作性较强的课程,除了理论课与实操课,还应该设置一些实践课程,这样能更好促进学生能力的提升。校企合作就是将企业作为一个校外实习基地,高校在安排每学年的课程时,预留出一定的企业实习时间(一周到一月不等,具体结合每学年课程情况而定),让学生到企业去生产实习,实现理论和实践的有机融合。学生在企业实习的过程中,学校应结合学生实习反馈的情况,评价当学年的教学,然后对教学规划做出相应的调整。对于企业来说,与学校合作能够提高学生毕业后来企业就业的概率,从而在一定程度上缓解企业人才紧缺的困境;另外,高校还可以为企业提供一定的培训服务,根据企业需求开展内部培训,帮助企业提升员工的整体素养。

(3)引进虚拟企业实习体系。虚拟企业就是模拟企业的真实情境,让学生在校内就可以模拟操作真实企业的工作内容。这里的模拟企业并不是假想的企业,也不是真实的企业,而是借助一定的模拟系统创建出来的企业,这些企业的运营与真实企业的运营一样,不同的是虚拟企业进行的货币交易是虚拟的货币,交易的企业也是虚拟的企业。虚拟企业实习体系旨在通过模拟企业真实的情境,提高学生的实操能力,虽然不能将真实企业的情境完全模拟出来,但作为理论教学的补充,也能够发挥非常重要的作用。

3.构建电子商务人才培养评价体系

教育评价是根据一定的教育价值观或教育目标,运用可操作的科学手段,通过系统地搜集信息、资料并进行分析、整理,对教育活动、教育过程和教育结果进行价值判断,从而为不断完善自我和教育决策提供可靠信息的过程。[1]教学评价对教学质量的提高起着重要的作用,而传统以理论考试分数为评价依据的模式显然不利于学生整体素养的发展,因此要创新电子商务人才培养评价

---

[1] 黄亚玲.现代医学教育方法学[M].武汉:华中科技大学出版社,2009:179.

体系。

（1）评价主体多元化。一直以来，教师都是电子商务人才培养评价的主体，但教师评价主题单一，其评价难免存在偏颇。而且高校教学多为走班式教学，教师与学生之间的接触相对较少，教师对学生的了解有限，所以评价学生时常常以学习成绩为主要的依据，这就不可避免使得评价存在一定的片面性。鉴于此，高校应改变评价主体单一的模式，引入除教师以外更多的评价主体。首先，要增加学生自我评价和学生互评的环节。学生自评有助于学生进行自我审视，做到曾子所说的"吾日三省吾身"，让学生在自我审视中发现自身的问题并改正；学生互评能够让学生从更多的角度去了解自己，而为了让学生互评更加客观，互评应采取不记名的评价方式。其次，要增加企业评价的环节。企业评价的主体一般为与学校有合作的电商企业，企业的评价可以分为两个方面：一方面是对前来实习的所有学生进行一个整体的评价，另一方面是对实习学生个人进行的详细评价，这样既有助于学校对学生个人有充分的了解，又能够使学校通过对学生整体的评价了解当前教学的效果。

（2）评价内容多元化。在以往的教学中，教育评价的内容主要是学生学习的成绩，这不符合"三全育人"的教育理念，不利于学生的全面发展。因此，评价内容也要实现从单一到多元的创新。至于多元应该涵盖哪些内容，可以参考《关于全面深化课程改革落实立德树人根本任务的意见》提出的"学生发展核心素养体系"，即学生应具备的、能够适应终身发展和社会发展需要的必备品格和关键能力。如果对学生核心素养体系进行进一步的解读，则其主要包含三个方面：文化基础、自主发展、社会参与；每个方面又具体包含两点内容，文化基础包括人文底蕴与科学精神，自主发展包括学会学习与健康生活，社会参与包括责任担当与实践创新。由此可见，学生发展不仅仅体现在专业技能的掌握上，还体现在专业技能以外的方方面面。因此，针对学生展开的评价内容也必然是多元的。

（3）评价方法多元化。教育评价方法指教育评价所采取的方法。因为教育评价的内容非常丰富，单一采取某种评价方法很难满足教育评价的需求，所以还需要构建多元的评价方法。依据评价标准，可分为相对评价、绝对评价、个体内差异评价、常模参照评价和标准参照评价；依据评价的功能，可分为诊断性评价、形成性评价、总结性评价；依据评价对象的范畴，可分为整体评价和单项评价、群体评价和个体评价。[①] 上述评价方法各有其优点和不足之处，在

---

① 赵海侠,郭婧萱.教育管理学[M].成都:电子科技大学出版社,2017:170.

具体的教学实践中，应根据评价对象的特点、评价的目的进行灵活、综合的运用，这样才能充分发挥各评价方法的优点，从而使教育评价的效果最大化。

二、校外培训中电商人才的培养与创新

校外培训的对象主要是乡村的常住人口，如农民、返乡工人等。相对于高校毕业生来说，他们在学历、技能上处于弱势，但他们是促进乡村电子商务发展的基础群众，没有他们的参与，乡村电子商务的发展也难以长远。但多数的农民、返乡工人对于电子商务所知甚少，这是多数农民不敢涉足电子商务领域的一个重要原因。因此，针对乡村中大量存在的农民、返乡工人等人口，要积极开展电商培训，帮助他们逐渐掌握电子商务相关技能，从而稳步推进农村电子商务的可持续发展。

（一）乡村农民、返乡工人培养模式的创新

乡村中多数农民、返乡工人对电子商务的认识不足，要想提高他们的电子商务技能，仅仅依靠几场培训课程很难实现。就农村电子商务发展的现状来看，电子商务与乡村各产业相融合已成为必然的趋势，并且其渗透范围也必然会逐步扩大，所以要对农民、返乡工人进行电商培训，就要帮助他们掌握一门适应乡村未来发展的技能。这不仅是为电子商务的可持续发展奠定基础，还是为乡村振兴进程的加快奠定基础。因此，针对农民、返乡工人展开的电商培训一定要落到实处，而不是走形式地开展几场培训课程，这从长远发展的角度来看没有任何意义。

一般来说，一个县域内的农民、返乡工人数量较为庞大，所以可以以县域为单位进行规划，但具体的实施应该以乡镇或村为单位，并且要因地制宜地开展，有机结合县域的独特地理位置、农村交通条件、经济条件等客观条件。在系统分析县域情况的基础上，坚持以政府组织为主导，以农民为主体，同时协调村级基层组织与社会组织的力量，构建"三位一体"的农民电子商务培训模式，如图7-1所示。

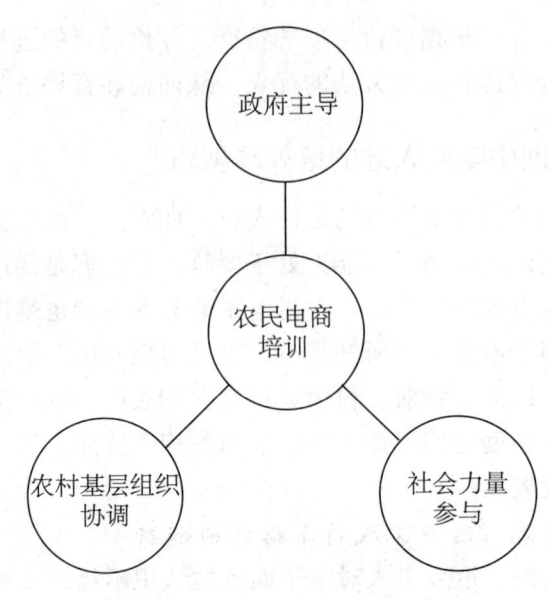

图 7-1　农民电子商务培养模式

（二）乡村农民、返乡工人培养模式创新的要点

由于乡村农民、返乡工人等人口的文化水平普遍较低，对电子商务的认识明显不足，所以为了更好地构建上述"三位一体"的农民电子商务培养模式，有以下几个要点需要注意。

1.做好电子商务的设施与技术支持

电子商务的发展离不开网络基础设施，虽然随着乡村振兴战略的不断推进，我国乡村基础设施建设在不断完善，但一些偏远的乡村仍旧没有实现互联网"户户通"，很多村民还没有对网络形成足够的认识，又怎么可能了解电子商务，这势必会影响培训的效果，也势必会对农村电子商务的发展产生影响。对于这些地区，要加快基础设施建设的进程，尽快实现互联网"户户通"，为电商培训以及电商发展奠定基础。另外，在已经完成互联网建设的大多数地区中，有些地区仍旧存在互联网技术上的空白，作为电子商务发展的技术支撑，互联网技术上的空白同样不利于电子商务的发展。因此，针对这些地区，县级相关部门要积极地引进和培训一批电子商务技术架构专业人员，给有需要的农民电商从业者以软件服务的支持。

2.做好农民参与培训的带头性工作

农民对于新兴事物的接受程度较低，再加上很多农民对于电子商务并不了解，所以大多存在一种参加培训就是浪费时间的心理，这样除了会影响对农民的组织，即便组织起来，培训的效果也会在这一心理的作用下受到影响。鉴于此，对于一些农民参与积极性较低的地区，可以通过点带面、面带片的方式，充分发挥带头人或带头村的作用，逐步调动这个地区农民参与电子商务培训的积极性。

3.做好对农民的电商基础知识培训

由于很多农民对于电子商务的认识非常有限，所以在具体的培训中，不能只培训电商技能，虽然电商技能非常重要，但只有让农民先对电子商务有所了解，才能促使他们思想观念上的改变，并进一步激发他们学习电商技能的积极性。电商基础知识培训包括对电子商务的介绍、电子商务与传统贸易模式的区别与联系、电子商务对农产品销售的重要意义、农村电子商务发展的趋势等。对于农民而言，有些基础知识虽然重要但比较深奥且难以理解，考虑到多数农民学历不高、接受程度较差的情况，在整理电子商务基础知识时，要尽量将这些知识通俗化、简单化，使其易于农民理解。

4.做好对农民的电商技能培训

电商技能是开展电子商务不可或缺的，所以在做好基础知识培训的基础上，自然还需要做好电商技能的培训。电商技能培训是培训的重点，内容量也相对较大，包括网店的注册、网店的基本操作、网店的运营等，要让农民真正了解电商运营的基础流程。例如，2019年9月，开封市通许县为进一步优化县域电商人才结构，培育本土电商专业人才，提升创业就业青年的电商实操技能，通许县商务局、开封市新技术学校共同主办了通许县第一期电商技能实操培训班，培训班共分六期，覆盖通许县12个乡镇，培训人员共400余人次。在此次培训中，授课人员围绕淘宝开店，为参与培训的人员简述了相关的基础知识与需要掌握的技能，如店铺注册、商品发布等内容；同时为了激发参与培训人员学习的积极性并让他们更加深入理解电子商务，主办方还邀请了一些具有农村电商经验的成功者进行授课，为参与培训的人员讲述他们的成功经验。另外，在理论与案例讲述的基础上，主办方还设计了一些实践课程，即让参与培训的人员进行网上购物、账号注册、申请加盟等操作，确保参与培训的人员通过此次学习能够独立进行淘宝开店。虽然每批次人员的培训时间只有五天，但很多参与培训的人员都表示对电子商务有了新的认识，并掌握了一些基础性的知识与技能，参与电子商务的综合素养有了很大的提升。

第三节　农村电商可持续发展品牌化建设与创新

一、农产品品牌化简述

(一) 品牌与农产品品牌化

由前文笔者对品牌概念的解读可知，品牌是一种商品综合品质的体现和代表，同时作为一种可以增值的无形资产，能够给其所有者带来品牌附加值。农产品品牌化便是将这种品牌价值附加到农产品上，具体而言是指农业生产者或经营者向买者提供的用以区别竞争者产品或服务的一种标识以及能够传递一系列产品的特性、利益、文化等的总和。农产品品牌以物质为载体，以文化为存在方式，是农产品生产经营企业与顾客之间互动关系的结果。对农产品品牌主体来说，品牌是其重要的无形资产，是农业生产经营者占领市场和获取垄断利润的利器。

从农产品品牌的使用范围上来说，农产品品牌可以分为农产品品牌（狭义）、农产品区域品牌和农产品企业品牌。

（1）农产品品牌（狭义）。以个性化的名称为品牌命名，用于区别不同企业的农产品的质量差异，如"阿香"柑橘。

（2）农产品区域品牌。农产品区域品牌是指一个地域内农产品生产经营者可以共用的公共品牌，公共品牌的形成通常以规模化、特色化的农产品的地域积累为基础，而地域的界定既可以是自然行政区域，又可以是跨行政区域。由此可见，农产品地域品牌具有产权模糊和利益共享的特点，如"五常大米""西湖龙井""烟台苹果"等。

（3）农产品企业品牌。农产品企业品牌是以农产品生产经营企业的名称为品牌命名，用以区别其他农产品企业的产品。从某种意义上来说，农产品企业品牌与农产品品牌是统一的，它们既是农产品品牌，也是农产品企业品牌，如"蒙牛""好想你""君乐宝"。

虽然电子商务在乡村的快速发展中对农业的发展起到了积极的助推作用，但是电子商务的出现并没有改变农产品贸易的本质，农产品仍然是电子商务发展的基础，所以要促进农村电子商务的持续发展，农产品品牌化的建设是必然途径。

（二）农产品品牌化的意义

1. 有助于农产品的宣传推广

产品进入市场之后，对产品进行宣传推广是一个必然的过程，而要宣传推广就必须具有自己的品牌。而且当产品品牌形成一定的影响力后，产品品牌本身就成了一个流动的宣传载体，即产品流通到哪里，品牌便在哪里发挥作用，形成了一个品牌推广的叠加效应。

2. 有助于建立稳定的顾客群

企业注册品牌商标时需要呈报产品的质量说明，只有产品质量达标才能成功注册品牌商标，所以品牌从某种层面上来说也是质量的象征。企业为了维护品牌形象，会严格按照标准生产产品，以保证产品的质量。如果产品质量降低，管理机构会依法对企业进行处置，维护消费者的权益。对于消费者来说，品牌是选择产品的一个重要的参考依据，消费者对某个品牌产生信任后，会不断购买该品牌的产品，从而形成该品牌稳定的顾客群。

3. 有助于维护专用权利

品牌商标注册之后，生产经营的企业既有保证产品质量的责任，又享受了法律保护的权利。品牌商标对企业来说非常重要，如果有其他人或企业冒用商标，势必会对企业造成负面的影响，从而损害企业的利益。因此，当遇到其他企业或个人擅自改造、使用本企业的已注册的品牌商标时，企业可依法对其提起诉讼，维护企业的利益。

二、农产品品牌化建设的要点

（一）做好品牌定位

品牌定位是指为自己的品牌在市场上树立一个明确的、有别于竞争对手的、符合消费者需要的形象。品牌定位是建立在市场定位以及产品定位基础之上的，它是建立一个与目标市场有关的品牌形象的过程和结果。简单来说，品牌定位就是为产品确定一个适合的市场位置，并使产品在与消费者不断发生作用的过程中在消费者心中也占据一个特殊的位置。比如，可口可乐的市场定位是清凉爽口，当炎热的夏季来临，人们感到炎热口渴时，可口可乐清凉爽口的形象便会立刻浮现在脑海中，从而刺激人们购买的欲望。农产品也是如此，有了明确的品牌定位后，人们需要某种东西时，便会将这种需求与农产品的品牌定位关联到一起，然后产生购买该产品的欲望。在对农产品进行品牌定位时，企业可从以下几方面做出考虑。

1. 赋予该产品区别于其他产品的独特之处

要有明确的品牌定位，就要赋予品牌独特之处，这是品牌定位的基础。该产品如果与其他同类产品相比没有独特之处，那么就只能"泯然众人矣"，也就谈不上品牌的定位了。因此，从农产品生产的计划阶段开始，就要赋予该农产品某些独特之处，如口感好、绿色食品、营养丰富、香味浓郁等。当然，虽然农产品种类多，但现有农产品品种之间的同质化现象较为严重，所以农产品被赋予的独特之处不一定是其他所有农产品都不具备的，只要能够区别于大多数的农产品即可。

2. 充分考虑消费者的需求

无论通过何种渠道，农产品销售面向的都是消费者，只有满足了消费者的需求，才能促进产品的销售，也才能在与消费者的相互作用下促进产品的品牌定位。但是"一千个读者，就有一千个哈姆雷特"，消费者与消费者之间或多或少存在着差距，一个产品不可能满足所有消费者的需求，所以产品品牌定位切忌求全，这样反而容易失去自身特点。其实，虽然不同的消费者有着不同的需求，但对于同一种产品，消费者需求也必然存在着正态分布的关系，即有人数需求相对较多的需求点（大众），也有人数需求相对较少的需求点（小众）。在借助大数据、云计算等技术对消费者需求进行分析的基础上，产品定位既可以选择大众面，也可以选择小众面，两种选择各有优势和劣势。大众面的人数相对较多，产品的受众更广，但竞争性无疑更强；小众面人数虽然相对较少，但也是相对而言，我国人口基数巨大，所以即便是小众面也有着较为客观的消费群体，而且小众面的消费者往往有着较强的自我喜好，一旦认同某个品牌，便会成为该品牌的忠实拥护者，企业也便得到了一批稳定的顾客，其缺点是风险也相对较大。至于如何选择，企业应该结合自身产品特点以及当前的市场情况而定。

3. 做好品牌定位的效应评价

品牌定位的目的是在消费者心中占据一个特殊的位置，定位成功与否应该从消费者的角度去考虑，而不是企业的一厢情愿，所以需要做好品牌定位的效应评价。品牌定位效应评价应主要考虑两个因子：一是消费者对品牌定位的感知程度；二是消费者对品牌定位的认可程度。如果消费者对品牌定位感知较弱，或者说认可度较弱，那就说明品牌定位失败。要明确这一点，就需要从消费者那里得到明确的反馈，而不是用数据进行推算。具体实施中可采取问卷调查的方式，确定消费者对该品牌定位的感知程度和认可程度，以此作为评价品牌定位效应的依据。如果调查显示消费者对品牌定位的感知程度与认知程度不高，就说明企业品牌定位采取的方式或者传播途径不当，企业需要结合消费者的反馈情况进行改进，最终形成适合产品且消费者感知程度和认可程度较高的农产品品牌定位。

（二）塑造品牌形象

品牌形象是指企业或其某个品牌在市场上、在社会公众心中所表现出的个性特征，它体现公众特别是消费者对品牌的评价与认知。根据表现形式的不同，品牌形象可分为品牌的内在形象与品牌的外在形象，所以对农产品品牌形象的塑造也应该从品牌的内在形象塑造与外在形象塑造两个方面着手。

1. 品牌内在形象的塑造

产品品牌的内在形象主要由产品的品质凸显，所以农产品品牌内在形象的塑造应该以质量为主要切入点。尤其对于农产品来说，其涉及大众最为关心的食品安全问题，只有保证了农产品的质量，才能赢得大众的信赖，进而逐步形成良好的品牌形象。农产品质量的保证一方面靠政府机制的约束，即政府要加强农产品质量监管体系建设，确保农产品抽检的合格率达到98%以上，同时确保不合格的农产品不出村、不出街道，并使农产品中有毒、有害物质的残留量控制在限度范围内；另一方面则依靠企业生产体系的完善，即企业要建立标准化的生产流程，确保农产品整个种植过程的安全性。与此同时，要依托科技不断对生产结构进行调整，把科技成果转化为现实的生产力，达到高产、优质的目的。另外，为了进一步提高大众对农产品质量的认可程度，可以依托信息体系的建设，建立绿色安全清洁的生产规程和管理流程，建立基于互联网技术的全程可追溯体系，强化农产品质量安全规范和体系建设，提高农产品质量安全水平，为品牌建设提供必不可少的支撑体系。

2. 品牌外在形象的塑造

品牌的外在形象主要体现在产品的名称、商标、外包装等几个外在方面。消费者对品牌的第一印象一般来自视觉形象，产品通过名称、商标、包装将产品的外在形象直接、快速地传递给消费者，所以农产品外在形象的塑造也至关重要。首先是品牌名称的设计。品牌名称在视觉和听觉上要给消费者一种舒适的感觉，且便于记忆，以便于品牌名称的传播与扩散。对于农产品来说，品牌名称可以新颖，但不要过于跳脱，和农产品没有丝毫的联系，这样容易让消费者产生一种华而不实的感觉，且不利于消费者将品牌名称和农产品联系起来。其次是品牌商标的设计。商标作为一种视觉语言，一直以来被企业赋予独特的文化和内涵，它通过字符或者图案向消费者传递企业的文化，以创造品牌认知和品牌联想。农产品企业在设计品牌商标时,要重视其地域性及其象征性,设计表现上应结合产品销售终端定位人群的特点和审美好恶。设计构思和艺术创意要具备个性、时代感、适用性,一定要适用企业标准化的品牌理念和发展趋势。另外,品牌商标还可以和品牌名称有机结合起来,这样能够起到一种联动效应,加深消费者的品牌认知与品牌联想,如"三只松鼠"的商标就是三只可爱的松鼠,能够让消费者快速地将这三只可爱的松鼠和"三只松鼠"的品牌联系起来。最后是品牌包装的设计。我国地域辽阔,不同地区有不同的农产品,且有不同的发展历史,农产品包装设计可以体现农产品的地域特色。另外,在强调绿色生产的今天,农产品的包装设计也可以体现绿色生态的设计理念,将环保、低碳、有机、循环、绿色等生态理念融入产品包装的设计之中,能够给消费者一种生态环保的感觉,从而赢得消费者的喜爱。

（三）加强品牌的传播与保护

1. 农产品品牌的传播

在信息化时代,不重视品牌的传播推广,也就不能将品牌形象有效地传达给消费者和公众,品牌形象就难以被消费者知晓,那么品牌形象的塑造也就失去了意义,所以加强农产品品牌的传播也是农产品品牌化建设的一个重要环节。具体而言,目前农产品品牌的传播途径主要有以下几个渠道。

（1）自有渠道。自有渠道包括企业的自建网站、App、各种自媒体账号、印制的宣传资料等。在自媒体时代,自媒体账号是企业进行农产品品牌宣传的一个重要的自有渠道,企业申请各类自媒体账号的门槛很低,但如果能够利用好各类自媒体账号,便能够起到很好的宣传推广效果。因此,在多种自有渠道中,企业要重视自媒体账号的维护和运营。

（2）媒体渠道。企业的各种自媒体账号也可以看作是媒体渠道,而除了自媒体,纸媒体、电视媒体、广播媒体、网络媒体等也都属于媒体渠道。虽然在互联网时代网络媒体的重要性愈加凸显,但其他媒体渠道也不能忽视。当然,由于不同的媒体渠道表达方式不同,并且其面向的客户群体也有所差异,所以针对不同渠道设计的文案也应有所区别,这样才能使各个渠道的效用充分发挥。

（3）商务合作。商务合作就是寻求知名品牌的合作,这样不仅可以解决品牌传播的问题,也可以解决流量的问题。因为知名品牌自身具有较高的知名度、曝光度和信誉度,通过与知名品牌合作,可以借助知名品牌的光环吸引流量,并提高品牌知名度。对于一些已经具有一定知名度的农产品企业来说,品牌间的合作比较常见,双方都可以获得一定的利益,起到 1＋1＞2 的效果。但一些知名度较低的农产品企业往往需要支付一定的合作费才能取得与知名品牌合作的机会。

（4）举办活动。通过举办活动的方式进行宣传，不仅可以与消费者搭建一个互动的渠道，还可以为品牌的宣传提供一个宣传点。比如，公益活动可以体现出企业的社会责任感与担当，可借此赢得消费者对企业品牌的信赖；又如，用户参与活动可以拉近企业品牌与用户的距离，企业为用户营造出一种消费者至上的感觉，借此打造品牌的忠诚度。举办活动的方式很难在短期内奏效，所以一定要持续地做下去，这样才能实现从量变到质变的突破。

（5）用户渠道。用户也是农产品品牌传播的一个重要渠道，因为用户是产品的使用者，用户的体验具有很强的说服力，通过老用户向新用户进行品牌传播不仅成本很低，而且转化率也非常高，所以企业要注重用户渠道。用户传播一般是基于产品质量，即产品质量好才能促使用户进行自发的传播，所以诱导用户进行传播的主要前提是注重农产品的质量。

2. 农产品品牌的保护

农产品品牌化的建设是一项长期的工程，通常经过长时间的努力才能够取得一定的效果，而形成一定的品牌形象之后，如何保护品牌是企业必然要思考的事情。近年来，农产品冒名情况时有发生。比如，"阳澄湖大闸蟹"便多次被冒名，很多螃蟹仅仅是到阳澄湖中"洗了个澡"，便摇身一变成了"阳澄湖大闸蟹"；又如五常大米、洛川苹果、赣南脐橙、胶东白菜等品牌深受消费者的欢迎，这些品牌犹如金字招牌，带动了一批优质农产品产销两旺，有力促进了地方经济发展和农民增收，但这些品牌也同样存在冒名的情况。农产品品牌被冒名不仅影响了该品牌的利益，还会影响该品牌的口碑和信誉，从而影响当地经济的发展。

鉴于此，要加强农产品生产企业的品牌意识，让生产者认识到品牌的重要性，对于冒名侵害自身利益的做法，要坚决运用法律的武器保护自己。另外，一些基于地域性发展起来的农产品品牌，如上文提到的五常大米、洛川苹果、赣南脐橙，没有独占性，很多的组织和企业都可以使用，如果使用该品牌的企业中有些企业不注重品质，造成了不良的社会口碑，整个品牌就都会受到影响，进而影响整个地域的发展。针对这种情况，政府应该加强市场监管，秉承优胜劣汰的原则，将那些素质低、品质差的生产者淘汰，从而保障使用地域品牌的生产者整体维持一个较高的质量标准。当然，农产品品牌的保护除了通过一些外在的手段，还应该从产品本身着手，即生产者要严格组织生产管理，确保农产品的品质，这样才能长时间赢得消费者的信任，也才能使其品牌持续发光。

三、农产品品牌化建设的创新路径

在"互联网+"的大环境下,农产品品牌化建设的创新路径就是充分借助互联网的优势作用,系统分析农村电子商务发展的趋势,从而有效地结合互联网,促进农产品品牌化的建设。关于如何在"互联网+"环境下推进农产品品牌化的建设,在第六章第三节笔者已经做了系统的论述,所以在此我们仅做概括性的阐述。

(一)明确"互联网+"环境下农产品品牌化建设的方向

通过分析当前的农业市场以及农业品牌的形成情况,笔者认为互联网农业品牌建设的方向大致有三个:细分品类领导品牌、专属消费品牌与服务品牌。

1. 细分品类领导品牌

细分品类领导品牌就是对农产品进一步分类,然后在每个种类中建立领导性的品牌。农产品的种类非常之多,但产品的同质化现象非常严重,很多种类的农产品都没有出现像"阳澄湖大闸蟹"这样的领导性品牌。但从某种层面来看,正是因为还有很多农业产品仍旧没有出现领导性的品牌,就为这些农产品的农业品牌留下了打造的空间。在未来,随着人们对品牌的愈加重视,随着农业品牌化的不断发展,相信会有越来越多种类的农产品逐渐出现细分品类中的领导品牌。

2. 专属消费品牌

专属消费品牌就是依据不同阶段、不同场合、不同时间人们对农产品需求的不同对农产品进行等级划分,然后建立专属性的农产品消费品牌。根据人们对农产品需求的不同,笔者认为可以将农产品大致分为两个层级:①普通农产品,主要是为了满足人们市场饮食的需求,属于生活必需品,安全性是基础;②中高端农产品,除满足饮食需求外,还满足人们的一些特殊需求,如营养、品质、特色等,所以一些特色农产品也属于中高端农产品的行列,安全性同样是基础。基于此,针对农产品品牌建设的一个方向就是在层级上做一定的划分,针对不同的层级,打造相应的专属消费品牌。

3. 服务品牌

在今天,人们对于服务的重视程度与日俱增,通过服务去打造农业品牌无疑也是一个发展的方向。例如,前文提到的"三种松鼠"会在发给消费者的商品中附带一些小工具,如湿巾、剥壳器、封口夹、吐壳袋等,虽然只是很小的一些工具,但这种体现在细节中的服务让消费者得到了良好的购物体验,提升了消费者对品牌的好感。当然,通过服务建立农产品品牌只是一种手段,其基础是农产品,不能为了服务而服务,要兼顾农产品的质量,这样才有助于农产品品牌的长远发展。

(二)"互联网+"环境下农产品品牌化建设的创新路径

在互联网农产品品牌化发展的过程中,应该将生产、流通、推广、消费等环节通过互联网平台进行有机的融合,打破以往农产品品牌化建设中生产、流通、推广、消费等环节相互割裂,消费者体验差、参与度低的状态,使农业的整个生产链有机融合为一体,从而快速推动农产品品牌化发展。

1. "互联网+"下规模化、智能化生产

农业在借助互联网进行品牌化发展的过程中,要融入规模化、智能化的生产理念。所谓规模化,顾名思义,就是生产具有一定的规模,这样才能在市场中产生一定的影响力和知名度。智能化是现代农业发展的必然趋势,引进智能化的生产设备不仅可以提高生产效率,还可以使生产流程更加标准化,从而提高产品的品质,提高人们对农产品的信任程度。

2. "互联网+"下绿色、可追溯的加工模式

食品安全问题一直是消费者最为关注的话题,消费者希望买得方便,更希望买得放心、吃得安心,而绿色、可追溯的加工模式无疑给消费者吃了一颗定心丸,让消费者能够清楚、明了地看到加工过程,从而消除对食品安全的担忧。

3. "互联网+"下的多渠道推广

对农产品进行推广是提高其市场知名度的一个重要途径,在互联网时代,随着各种互联网平台的不断崛起,人们不再单纯集中在某一个平台中,而是分散在各个互联网平台,所以农产品的推广也必然要多渠道同步进行。

4. "互联网+"下保质、快捷的流通模式

"互联网+"下农业品牌的打造不能缺少网络购物这一渠道,但只有实现了保质、快捷的流通模式,才能给消费者带去良好的购物体验,才有助于农业产品品牌化的发展。而要实现农产品保质、快捷的运输,就必须要有完善的物流体系作为支撑,尤其要具备冷链物流系统,这样可以大大降低农产品腐烂、变质的风险。

5. "互联网+"下体验式的消费模式

随着人们生活水平的不断提高,人们的需求也在发生巨大的变化,消费者从过去只满足于温饱的时代进入了一个具有更高级需求的新时代,消费者在消费的过程中更加强调所获得的体验与经历,体验式消费已成为我国目前消费

结构中重要的组成部分。[①]对于农产品来说,"互联网+"下体验式的消费模式类似于O2O,消费者在观光体验的过程中,对农业生产有了更为深入的认识,并且在近距离的接触中产生了信任感,有助于农产品线上的销售以及品牌的形成。

第四节 农村电商可持续发展平台建设新趋势

农村电商发展之初依托的平台主要是各大电商平台,如淘宝、京东、拼多多等电商平台,这些电商平台发展得已经较为成熟,是支撑农村电商可持续发展的重要平台。当然,就互联网以及农村电商发展的趋势来看,自媒体平台是农村电商平台建设的一个新的趋势,这是支撑农村电商可持续发展的一个重要力量。就当前自媒体发展的现状来看,农村电商自媒体平台主要包括微博平台、微信平台、直播平台和短视频平台四个。因此,在本节的论述中,笔者主要以上述四个自媒体平台为研究对象,分析如何借助上述四个自媒体平台实现农村电商的可持续发展。

一、微博平台

(一)基于微博平台的推广

在长沙举办的2020中国新媒体大会上,新浪微博高级副总裁、总编辑曹增辉介绍,作为全球最大的中文社交全媒体平台,微博目前月活跃用户5.23亿,日活跃用户2.29亿。如此大的用户活跃量决定了微博是一个推广农产品的重要渠道,而基于微博平台推广的方式主要有互动推广、代言营销推广和情感营销推广三种。

1.互动推广

在传统推广方式中,企业与消费者之间的信息传递关系是主动传递和被动接收的关系,但是面对企业广撒网的信息传递方式,一直被动接收信息的消费者会产生厌烦心理,而这也是导致企业营销效率大幅降低的主要原因。相比于此,以微博为平台的新型推广方式(也叫微博互动推广方式)不仅能够使企业与客户之间更具互动性,还能以其灵活的互动与沟通方式凸显消费者的主导地

[①] 程恩富,刘灿.外国经济学说与中国研究报告(2016)[M].成都:西南财经大学出版社,2016:202.

位与作用，从而提升企业推广效果。在微博互动推广中，企业与客户之间通过微博页进行信息的分享与互动，互动方式既可以选择公开的方式，也可以选择私聊的方式，而无论哪种方式，这种互动都体现了企业对客户主导作用的尊重。因此，很多农产品企业都开通了官方微博及客服账号，为客户全方位解答所要了解的问题，同时借助微博这个平台加强与客户之间的交流与互动，促进消费者购买产品的积极性，并在客户购买或消费的过程中，结合一些口碑策略来有效宣传和推广商家或企业及其产品，以提升自身的市场知名度，进而提升市场占有率。

2. 代言营销推广

微博代言营销推广是指通过微博中的名人效应来快速有效地推广产品的一种方式。微博中的名人具有较高的人气和关注度，这些名人的明星效应可以为产品创造一个快捷、有效的推广机遇，让大量的用户关注到该产品。代言营销推广依据的是"粉丝"对名人的信任心理，即"粉丝"信任名人，所以也爱屋及乌地信任该名人代言的产品。当然，吸引消费者的关注或使其购买只是第一步，如何留住消费者才是关键。对于消费者而言，质量永远是第一位的，所以在借助微博进行代言营销推广的同时，不能忽视产品质量，质量是一个永恒的话题。

3. 情感营销推广

微博情感营销推广就是围绕着客户的情感意识或经验来进行相关产品营销推广的一种方式，主要内容有情感包装、情感广告与情感促销等。随着我国城镇化进程的不断加快，我国社区也逐渐从熟人社会向陌生社会转变，在这种陌生社会的大环境下，消费者在消费的同时，也在寻求一种情感上的满足、一种心理上的认同，所以把握消费者的情感需求已经成为影响企业营销推广的一个重要因素。借助微博平台，企业可以与消费者进行深入互动，深入了解消费者的情感诉求，并针对消费者的情感需要，将产品或服务各要素及营销推广过程注入情感，赋予其感性色彩，从而唤起和激发消费者的情感需求，诱导消费者产生心灵上的共鸣。

（二）基于微博平台的运营策略

在建立官方微博账号之后，便可以通过推广以及与用户的互动将企业及产品信息传递出去，扩大企业和产品的影响力。其运营流程可参考图7-2。至于具体的策略，可以参考积分制度与内容运营策略两种方式。

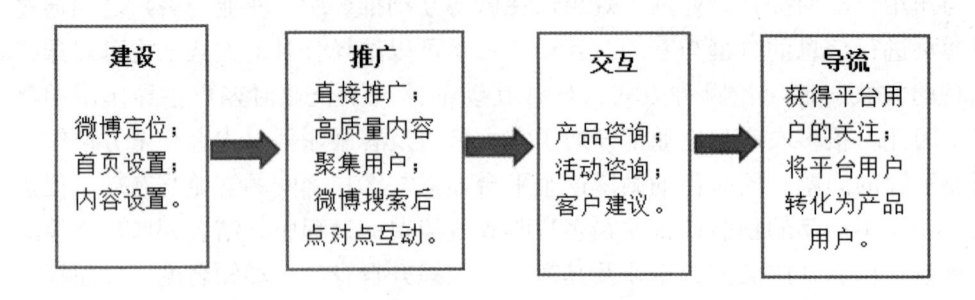

```
┌─────────┐    ┌─────────┐    ┌─────────┐    ┌─────────┐
│  建设   │    │  推广   │    │  交互   │    │  导流   │
│微博定位；│ →  │直接推广；│ →  │产品咨询；│ →  │获得平台用│
│首页设置；│    │高质量内容│    │活动咨询；│    │户的关注；│
│内容设置。│    │聚集用户；│    │客户建议。│    │将平台用户│
│         │    │微博搜索后│    │         │    │转化为产品│
│         │    │点对点互动│    │         │    │用户。   │
└─────────┘    └─────────┘    └─────────┘    └─────────┘
```

图 7-2 微博运营流程

1. 积分制度

设定合理的积分制度不仅能培养客户的忠诚度，还能提高客户参与微博互动的积极性。因此，企业可以设计合理且更具有诱惑性的微博积分制度，即微博粉丝通过转发所制定的具有积分的微博来获得相应的积分，然后利用自己的积分来参加企业开展的相关营销活动，并换取或换购有关产品或服务。

2. 内容运营策略

微博内容运营就是借助文字、图片或视频等内容维持和吸引平台用户。微博是全球最大的中文社交全媒体平台，平台上的信息非常多，要想在大量的信息中脱颖而出，就需要具备优质的内容，且符合平台用户信息浏览的偏好。根据微博发布的《2020微博用户发展报告》可知，微博用户群体继续呈现年轻化趋势，其中"90后"和"00后"的占比接近80%，女性用户规模高于男性用户。在生活消费、兴趣关注上，不同年龄段微博用户呈现出明显的代际特征。这些特征是企业进行内容制作时要充分思考的要素，因为内容只有符合用户的浏览偏好，才能够更好地传播出去，避免出现"酒香难出深巷"的局面。

二、微信平台

（一）微信公众号与微商城

1. 微信公众号

提起微信公众号，想必很多人都不陌生，微信公众号的出现打开了自媒体时代的大门，任何人或者企业都可以申请微信公众号，且微信公众号还可以成为商城平台，用于产品的销售和推广。从个体商户、企业互联网化发展需求的角度来看，微信公众号在促进农村电商可持续发展上具有以下几点优势。

（1）微信具有庞大的用户群体，且使用频率很高，易于传递信息。在2019年1月19日的微信公开课Pro直播演讲中，微信创始人张小龙披露：每天有10.9亿人打开微信，3.3亿人进行视频通话，7.8亿人进入朋友圈，1.2亿人发朋友圈，朋友圈每天有1亿条视频内容，每天有3.6亿人进入公众号，4亿用户使用小程序。

（2）相较于网站或App的开发而言，微信公众号开发周期短、费用低，并且操作相对简单，只需要将相关信息发送到对应的账号中即可。

（3）个体商户可以借助微信公众号建立自己的粉丝群体，且粉丝忠实度和客户黏性更高，更利于发展和维护自己的客户群体。

2.微商城

微商城是以微信为交流沟通媒介发展起来的微商群体，并以此为基础形成了特有的商业模式。其充分利用了微信的优势特点，为客户之间的交易提供了更为便捷的电子商务平台，也为商家的产品宣传与品牌推广提供了低成本、高效率的营销方式。微商城是在微信与微信公众号基础上发展而来的，相比于其他电商平台而言，微商城也具有自身优势，主要体现在以下几点。

（1）成本较低。微商城的出现使商家企业不仅可以通过用户体验后的口碑传播快速建立起良好的品牌形象，还可以将自家商品通过多种方式进行更好的宣传和展现。另外，对于消费者来说，通过微商城不仅可以了解到产品的价格，还可以随时随地获得更多细致的信息，这在一定程度上使商家企业能够以更低的宣传成本获得更多的网站访问量，解决了传统电商宣传成本高、顾客量少的问题。

（2）推广销售一体。企业在微信公众号中对产品进行推广之后，可以将相应产品的购买链接设置到文章的最后，此时用户刚刚阅读完推送的文章，购买产品的欲望是最大的，将购买的链接设置到用户触手可及的地方会大大增加用户购买的概率。

（3）流量闭环。由于微商城是基于微信和微信公众号的一种营销模式，所以微信平台内的流量不会外流，能够形成流量的闭环。但在其他开放的电商平台，通过一些渠道推广而来的客户是客源共享的，这就容易导致推广而来的客户被竞争对手抢夺，从而造成流量的流失。

（二）基于微信平台的推广与营销

微信朋友圈是一种建立在强关系基础上的人际关系网络，根本价值在于对强关系的挖掘，对于社交电商来说，每个人的微信里都有大量的人脉，可挖掘的市场巨大。基于微信平台的推广与营销虽然是以微信公众号和微商城为技术支撑，但归根结底依靠的是微信朋友圈建立起的强大的人际关系网络。依靠微信朋友圈的推广是移动互联网的即时通信交流工具的产物，我们在构建营销体系时，也要从企业或个人的品牌特质出发，打造一个线上线下相结合的整体的品牌传播与品牌推广的生态网络，需要线上线下全局性考虑。"朋友圈"功能正是在具有超强黏性的微信人脉的基础上形成辐射性作用。具体而言，基于微信平台的推广与营销方式有很多，有助于农村电商可持续发展的微信营销方式参见表7-3。

表7-3 几种微信营销方式在农村电商中的应用

营销方式	具体内容	活动的关键点
集赞有奖	用户将图片或文章等内容分享到朋友圈，集齐 n 个赞之后便可以得到相应的奖品	（1）从传播学的角度讲，图片比文章更易于传播；从内容的丰富性上讲，文章能够涵盖的内容更丰富。所以在设计需要用户分享的内容时，要结合产品特点设计相对更优的内容形式。 （2）积攒人数的设置不易过高，也不易过低，过高不容易达到，影响用户参与的积极性，过低不易于内容的传播，所以人数的设定以 10～50 人为宜
邀请有奖	用户邀请好友关注后可以得到相应的奖励，邀请人数越多，奖励越丰厚	（1）对关注的新用户也给予一定的奖励，调动新用户关注的积极性。 （2）奖励的设置可采取梯度的方式，即邀请人数较少给予较低的奖励，邀请人数越多，奖励越丰富，这样可以调动更多的用户参与邀请活动
分销产品	用户将专属的购买链接分享出去，有其他用户通过该链接购买产品后，给予该用户一定的酬金	（1）用户分销的产品选择品质高且用户复购率高的产品。 （2）分销依据的是裂变效应，酬金的设置至关重要，酬金过高，用户的积极性高，但商家的成本也高；酬金过低，用户积极性较低，效果不理想。 （3）酬金数额确定之后不要轻易改变，否则容易影响用户的信任度
拼团活动	用户邀请好友拼团购买产品，当达到一定的拼团人数后，可以较低的价格购买产品	（1）拼团人数的设置不易过高，一般不超过 5 人为宜。 （2）拼团活动依据的是薄利多销的原则，所有优惠力度可适当加大
砍价活动	用户邀请好友为自己砍价，最终获得低价购买产品或者免费获得产品的权利	（1）砍价人数的设定要适当，人数过少，起不到传播的效果；人数过多，用户难以完成，影响用户对品牌的信任度。 （2）砍价力度的设置可以先易后难，即前期砍价的力度较大，后面逐渐降低砍价的力度

三、直播平台

关于借助直播平台发展农村电商的内容,在第二章第四节中笔者已经进行了详细的论述,包括当前直播带货的几个主要平台以及进行农产品直播带货的几个关键点,在此笔者不再赘述。

四、短视频平台

(一)短视频的特点与优势

短视频一般是指目前流行于移动网络平台的一种视频传播和分享方式,其长度为十几秒到几分钟不等。绝大多数短视频来自用户手机的即时拍摄和上传分享,观看用户可以为视频点赞乃至打赏,广告商也可以通过这种方式进行宣传,一些视频发布者可以以此获得收入。短视频内容涉及娱乐、科普、时尚、美妆等生活的各个方面,目前短视频已经成为一个多元化的传播平台。[①]与传统的视频平台以及直播平台相比,短视频具有以下特点,这些特点也是短视频的优势所在。

(1)更适合快节奏的生活。如今,人们的生活节奏越来越快,碎片化的时间越来越多,而短视频的时间通常在十几秒到几分钟之间,人们可以利用碎片化的时间去观看短视频,获得身心的放松与愉悦,这也是短视频能够在短短几年时间实现快速发展的一个重要原因。

(2)短视频的制作门槛较低。短视频的制作非常简单,只需要一部智能手机便可以实现,尤其随着抖音、快手等短视频软件功能的不断开发(如滤镜、特效等功能),借助这些软件便可以快捷制作出高质量的短视频。

(3)社交属性强。像抖音、快手、微信视频号等短视频软件,亲戚朋友之间只要注册了平台账号,便可以相互进行关注,关注后可以看到对方在平台的动态,而且能够通过点赞、评论等方式进行互动。另外,在这些平台拍摄的短视频还可以分享到其他社交平台上,如当你看到一个有趣的视频时,便可以将这个视频分享给好友,这种互动避免了没有共同话题的尴尬,有助于维护朋友之间的关系。

(二)基于短视频平台的推广与营销

短视频的出现不仅孕育了一个全新的行业,越来越多的人开始通过兼职或专职从事短视频拍摄获得收入,还为越来越多的人创造了一个与其他人进

---

① 迟丹.短视频传播的现状与问题研究[J].新闻传播,2019(12):234-235.

行即时性互动的机会和平台。随着短视频影响力的不断提升,越来越多的企业或商家开始尝试运用短视频平台进行产品的推广与营销,并取得了不错的成效。现阶段农村电商的发展也应该积极利用短视频平台,通过短视频平台进行农产品的推广与营销,从而助力农村电商的可持续发展。例如,四川凉山彝族自治州"悬崖村"利用短视频实现脱贫,陕西杨凌、山东泰安等地的短视频乡村创业、扶贫等活动均取得了较好成果。具体推广与营销方法如下。

1. 以农户为主体录制农业生产生活视频

农户是质朴的代名词,也是一个社会身份的代名词。提起农户,很多人脑海中都会浮现出耕耘在天地间的朴实、勤劳的一个人、一群人,这种场景对于很多在城市中生活的人来说比较陌生,也具有一定的吸引力。其实,劳动本身就是美的,在很多艺术家的笔下,田间劳动的景象成了一幅幅名画,这又为田间劳动的场景增添了几分美的色彩。因此,农产品企业或电商经营者可以把农户作为短视频的主体,把农户日常家庭生活中的场景以及其在田间工作的场景录制下来,然后配以文字或语言解说,将农户这一主体身上所具备的朴实无华的精神凸显出来,向大众,尤其是城市中的群体传递乡村所特有的味道,从而让大众在对乡村生活、乡村场景以及农业生产活动有所了解的基础上,接受乡村的农民以及乡村的农产品。这方面比较成功的案例有以下几个:"滇西小哥"通过短视频宣传云南乡村生活;"乡村胡子哥"通过短视频拍摄在野外制作乡村美食的过程,来带货农产品;"李子柒"通过短视频拍摄农村生活和乡村传统美食等,她受聘为我国第一届"农民丰收节推广大使",在国外都享有很高的知名度。

2. 以农产品为主体设计推广与营销视频

借助短视频平台的目的之一就是促进农产品的营销,从而拓宽农村电商发展的路径,促进农村电商的可持续发展。所以在进行短视频设计时,除了以农民为主体,还可以以农产品为视频的主体。在对具体视频进行设计时,要明白用户观看视频的目的是放松和娱乐,不会花费过多的脑细胞去记住农产品的卖点、成分等内容,所以短视频在体现农产品的卖点时,一定要体现最为直观和最能抓住消费者的一个核心卖点,如形态、口感、工艺等某个方面的特别之处。农产品核心卖点的展示可以遵循"136法则",即第1秒就要先声夺人,吸引大家注意,3秒内露出产品,6秒内展示产品核心卖点,这样才能在短时间内将农产品的卖点有效地传递给消费者,从而促进消费者购买决策的产生。同时,还要通过增强互动,提升消费者黏性。可以设置一些挑战类的话题,引导互动，吸引消费者评论；通过积极回复消费者评论，与他们对话，以引起情感共鸣，使他们成为忠实消费者。

第八章　电商实战：农村电商在河南省的实证分析

第一节　河南省农村电商产业生命周期和PEST分析

一、产业生命周期和PEST分析的理论基础

（一）产业生命周期理论

产业生命周期是每个行业从兴起到衰落都必须经历的演化进程，包括四个阶段：萌芽、成长、成熟和衰退。根据不同阶段的特征，采用不同的产业策略才能更好促进产业的发展，拉长成长、成熟阶段，延缓进入衰退期的时间。著名战略管理专家迈克尔·波特在《竞争战略》一书中写道："新兴产业是指通过技术进步和经济关系转变，伴随着技术创新和新需求的出现，提供新产品或新服务来实现可行的大规模生产的新产业。"[1] 与传统产业相比，新兴产业的生命周期在各个发展阶段具有不同的特征和策略。新兴产业与传统产业相比，具有不确定性、复杂性和创新性，能够判定农村电商是新兴产业，具体见表8-1。

表8-1　传统产业与新兴产业特征及策略对比表

产业类型与阶段	特点与策略	萌芽期	成长期	成熟期	衰退期（调整期）
传统产业	特点	集体效应	产业创新效应	规模化效应	退出效应与再创新
	策略	环境形成与龙头企业扶持	政策鼓励与产业协同发展	政策引导与产业规范自律	资源整合与跨界融合
新兴产业	特点	技术效应	集聚效应	成长效应	拥塞效应
	策略	优惠政策、产业扶持、技术协作	金融介入、人才培育、技术创新	市场拓展、产业协同与规范自律	技术升级或产业转换

在判断产业生命周期所处阶段的研究中有一种观点认为产量销售增长率能

---

[1] 李国丽,吴亮,邓昕才,等.产业生命周期视角下农村电商发展路径及案例研究[J].贵州师范大学学报（社会科学版）,2019(1):77-92.

够反映产业情况,此处将其作为判断,划分各产业所处阶段的特定指标,而且通过文献调研发现传统产业和新兴产业销售增长率数值的判断标准不相同,各个经验参数见表8-2。

表8-2 产业销售增长率与产业生命周期关系

所处产业周期	传统产业增长率	新兴产业增长率
萌芽期	小于10%	小于10%
成长期	大于10%	大于30%
成熟期	大于0且小于10%	大于0且小于10%
衰退期	小于0	小于0

综上所述,研究当地农村电商新兴产业生命周期所处的位置,并根据对应阶段的特点制定相应的策略,对加速其发展具有重要的意义。

(二)PEST分析模型

PEST宏观环境分析模型主要是从政治、经济、社会、技术四个方面来分析产业的外部宏观环境。模型的命名来自这四个因素的英文首字母组合。众所周知,外部宏观环境都是企业无法改变的,但企业可以通过调整自身战略来更好地适应。本节通过PEST模型来分析河南农村电子商务发展的宏观竞争环境,从而了解其外部发展环境状况,为河南农村电商产业可持续发展制定更有针对性的战略决策,为提升其竞争力提供有力支撑。

二、河南省农村电子商务产业生命周期分析

从2014年到2019年,依据《中国互联网络发展状况统计报告》的数据显示,我国农村网络零售额始终处于高速增长阶段(如图8-1所示),而通过计算,这五年的同比增长率均值在64.52%(见表8-3)。[1] 依据表8-2产业销售增长率与产业生命周期之间对应的数值关系可以看出,我国农村电子商务为新兴产业,平均增长率大于30%,正处在产业成长期。国家扶持政策的不断出台和新技术的不断融入会对产业的发展发挥更积极的推动作用。

---

[1] 商务部电子商务和信息化司.中国电子商务报告2019[M].北京:中国商务出版社,2020:5.

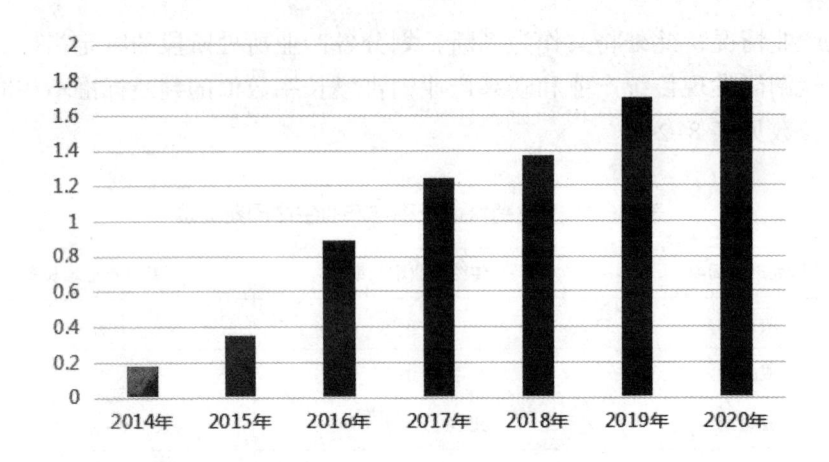

图 8-1　2014—2019 年我国农村网络零售额统计情况（万亿元）

表 8-3　我国 2014—2020 年农村网络零售额同比增速一览表

项目/年份	2014	2015	2016	2017	2018	2019
市场交易额/万亿元	0.18	0.35	0.89	1.24	1.37	1.7
同比增长率/%		94.4	154.3	39.3	10.5	24.1

从马健、苏国宝等人主编的《河南商务蓝皮书：河南商务发展报告（2020）》可知，近年来河南省电子商务发展势头强劲（如图8-2所示），注重大力发展农村电子商务，自2018年始，河南农村网络零售额始终居于全国前十，排名位次不断上升。河南省2018年通过电商实现农村产品上行191亿元，帮助贫困户增收1.24亿元。2019年，河南省全省农村产品网销额410多亿元，建成了121个县级电商公共服务中心、2.35万个乡村电商服务点，实现了县乡村三级农村电商公共服务体系的初步构建。电商人才培养同步跟进，对近21万余名乡村干部和第一书记进行了轮训，给予39万多名有志从事农电商的返乡青年、贫困户免费培训，培育了5 700多位电商扶贫带头人，组织了700多场农产品产销会，销售额达415.7亿元，带动5.93万贫困人口实现就业创业。我国从2014年开始实施电子商务进农村综合示范项目，截至2020年7月，河南省累计认定了95个电商进农村综合示范县（其中，国家级60个、省级35个）。受新型冠状病毒肺炎疫情影响，2020年上半年，河南省农产品网销额为

330亿元；但随着经济提振复苏，仅"双十一"期间，通过各大知名电商平台农村网销额就达到29.44亿元，2020全年河南省农村网络零售额达到669亿元，同比增长61%。通过分析，河南省农村电商正迈入产业周期成长期阶段，发展实现新突破，后发潜力明显。

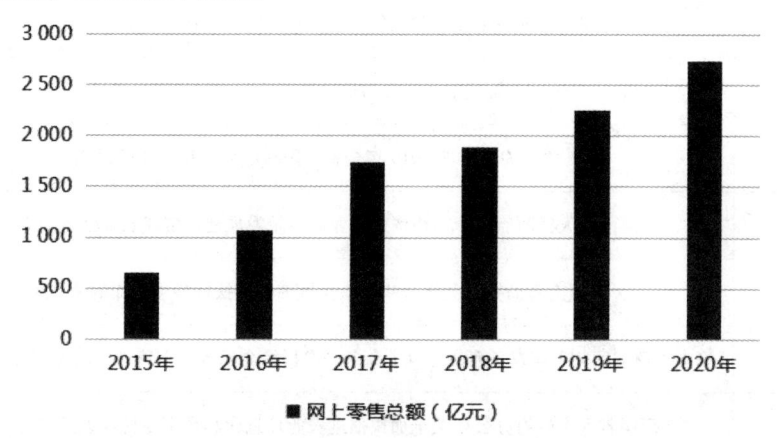

图8-2　2015—2020年河南省网上零售总额统计图

三、河南省农村电子商务PEST模型分析

（一）政治环境因素

1. 出台多项电商惠农政策

从2014年到现在，从中央到地方制定了很多促进农村电商发展的政策。特别是2015年，《关于促进农村电子商务加快发展的指导意见》的颁布把农村电商的地位提升到了国家战略发展层面。一直以来，河南省始终致力于发展电商产业，且将电商作为促进农村经济的主要抓手，先后推出多项支持政策，具体见表8-4。

表8-4　河南省农村电子商务政策一览表

时间	具体政策
2014年	《河南省人民政府关于加快电子商务发展的若干意见》
2014年	《关于开展电子商务进农村综合示范工作的通知》
2015年	《河南省商品条码管理办法》
2016年	《河南省人民政府关于大力发展电子商务加快培育经济新动力的若干意见》

续 表

时间	具体政策
2017 年	《河南省农村电商技能人才培训工作实施方案》
2018 年	《河南省电商扶贫三年行动实施方案（2018—2020 年）》
2019 年	《关于推进电子商务与快递物流协同发展的实施意见》
2020 年	《关于加快推进 2019 年全省贫困村电商帮扶工作的通知》
2020 年	《河南省人民政府关于加快推进农业高质量发展建设现代农业强省的意见》
2020 年	《河南省商务厅关于进一步做实做细电商扶贫各项工作的通知》
2020 年	《河南省商务厅关于印发〈河南省电子商务进农村综合示范培训管理办法（试行）〉的通知》
2020 年	《河南省人民政府办公厅关于加快推进农业信息化和数字乡村建设的实施意见》

2.加强电商行业规范管理

从 2005 年《中华人民共和国电子签名法》到 2019 年《中华人民共和国电子商务法》，体现了电商立法的不断完善。从 2017 年到 2019 年，河南省连续三年开展品牌创建活动，建立《河南省知名农业品牌目录》。2019 年是农业质量年，对农产品企业品牌"三品一标"的认证会促进河南省农产品从追求数量向追求质量和品牌服务转变。目前，河南省已经连续举办两届省农产品电商十强县的颁奖典礼和农村电商发展论坛，表彰先进并积极交流分享经验。这一系列政策和相关法律法规的不断完善进一步坚定了社会各界借助电子商务助力农村经济发展的决心和信心。

（二）经济环境因素

1.形成特色农业产业集群

2020 年 9 月，根据阿里研究院、淘宝村发展联盟、阿里新乡村研究中心联合发布的《1% 的改变——2020 中国淘宝村研究报告》可知，河南省淘宝村数量从 2014 年的 1 个，发展到 2020 年的 135 个，成为沿海六省之外第一个淘宝村数量破百的省份；2020 年河南省淘宝镇的数量达到 94 个，在全国各省份排名第七，交易额在 3 亿元以上的淘宝镇就有 5 个。① 对比以往，河南省农产品百强淘宝村产业集群化趋势明显，在 6 个农产品百强淘宝村中，像许昌长葛蜂产品、商丘夏邑县混合坚果和枣制品等是以当地特色农产品为主要产业，都是从特色产业出发，深挖产业链，实现农产品产业化、集群经营。

2. 抢抓直播电商发展机会

目前我国有各类涉农电商平台 30 000 多个，特别是直播平台在农产品销售方面凸显出强大优势。2020 年由于新型冠状病毒肺炎疫情的原因，消费市场被影响，省政府看准直播电商的发展机会，联合多家著名电商平台，通过明星带货、达人带货、县长带货推广农特产品销售，助农多维增收。例如，知名主播薇娅在淘宝的"2020 跨年直播"时，所介绍的河南省确山县岗杠地的一款红薯干上线不到 3 秒就抢购一空，销售额达到 53.6 万元，帮助当地 120 户贫困户平均增收 3 000 元。②

（三）社会环境因素

1. 农村电商认知度提高

近年来，中国农村地区网购消费增速明显快于城市，成为促进消费增长的主力军。到 2020 年年底，我国农村网民数量达 3.09 亿，占网民整体的 31.3%，中西部网民用户增长较快，网民规模较 2016 年增长 40%。③ 同时，河南省农村各乡镇通过户外媒体、平面媒体、电视媒体、网络媒体等途径，积极向乡村干部、驻村工作队员、农村群众宣传电商助农知识和政策。通过网络问卷调研河南省部分地区消费者和农民，有 79.66% 的被调查者认为农村进行网上销售农产品是很有前景的，能拓展销售渠道（如图 8-3 所示）。

---

① 阿里研究院.1% 的改变——2020 中国淘宝村研究报告 [R]. 沧州：第八届中国淘宝村高峰论坛,2020.
② 中国国际电子商务中心研究院. 中国农村电子商务发展报告（2019—2020）[R]. 丽水：第五届中国农村电子商务大会,2020.
③ 中国互联网络信息中心. CNNIC 发布第 47 次《中国互联网络发展状况统计报告》[R/OL].（2021-02-03）[2021-02-15].http://cnnic.cn/gywm/xwzx/rdxw/20172017_7084/202102/t20210203_71364.htm.

不了解，不清楚 17.63%

完全没必要，还是旧的销售渠道好 2.71%

很有前景，拓展销售渠道 79.66%

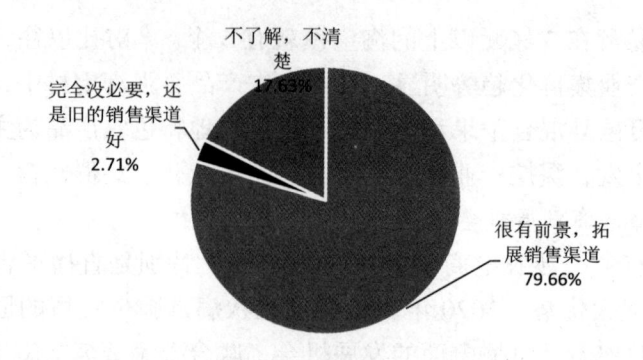

■ 很有前景，拓展销售渠道
■ 完全没必要，还是旧的销售渠道好
■ 不了解，不清楚

图 8-3　河南省部分地区消费者和农民对农村网上销售农产品的看法

2. 居民消费观念升级

当前，小镇青年消费力快速增长，消费观念的升级，绿色食品已成为一种健康需求，通过电商平台，人们可以轻松购买农产品。消费者中出现了一种偏爱原生态农产品的现象，根据问卷调查，网购农产品的理由主要是"方便，可以在家完成购买"和"新鲜，价格较便宜"。

（四）技术环境因素

1. 农村基础设施建设加强

数据显示，当前河南省已实现20户以上自然村4G网络全覆盖，乡镇快递网点覆盖率达100%，建成方便快递收寄的农村电商服务点和取送点3万多个，2020年全省快递业务总量31亿件，增长46.86%。农村交通更加完善，10个县成功创建国家"四好农村路"示范县行政村，通硬化路率、通客车率均达100%。[①] 农产品电商物流中，冷链物流建设是全省物流业转型发展的重要环节，河南省在这方面的建设成效突出，重点建设了一批省级冷链示范物流园区，如河南万邦国际农产冷链物流园、漯河双汇物流产业园等，来提高辐射带动作用。

2. "新基建"助推农村电商

2018年12月，国家首次对"新基建"进行论述，其中的信息基础设施建设包括5G、云计算、大数据、人工智能、AI技术和区块链等，这都将助推河

---

① 周立,李同新.河南蓝皮书:河南农业农村发展报告(2021)[M].北京:社会科学文献出版社,2020:18.

南省农业转型升级,向现代农业加速发展。2019 年 5 月出台的《数字乡村发展战略纲要》将乡村振兴未来的方向定位于数字农村。2020 年 7 月,河南省农业农村厅与阿里巴巴集团就河南省农业产业数字化、乡村数字化治理、电子商务等领域进行合作。国家数字乡村试点县临颍县已建成规模超 7 000 余亩的 5G 智慧辣椒种植基地,通过一系列智慧种植手段,辣椒亩均产量增幅达 30%。2021 年河南计划投入 65 亿元统筹实施农村 4G 和 5G 网络覆盖等农村网络建设惠民五大工程。因此,在推动农村基建向数字化转型的过程中,可以进一步提升农业科技支撑,建设现代数字农业,从而助力农村电商实现可持续发展。

总而言之,通过 PEST 模型分析(如图 8-4 所示),河南省农村电子商务的发展受外部宏观环境的积极影响,今后具有更加广阔的发展前景。

政治环境 P	经济环境 E
○ 出台多项电商惠农政策 ○ 加强电商行业规范管理	○ 形成特色农业产业集群 ○ 抢抓直播电商发展机遇
社会环境 S	技术环境 T
○ 农村电商认知度提高 ○ 居民消费观念升级	○ 农村基础设施建设加强 ○ "新基建"助推农村电商

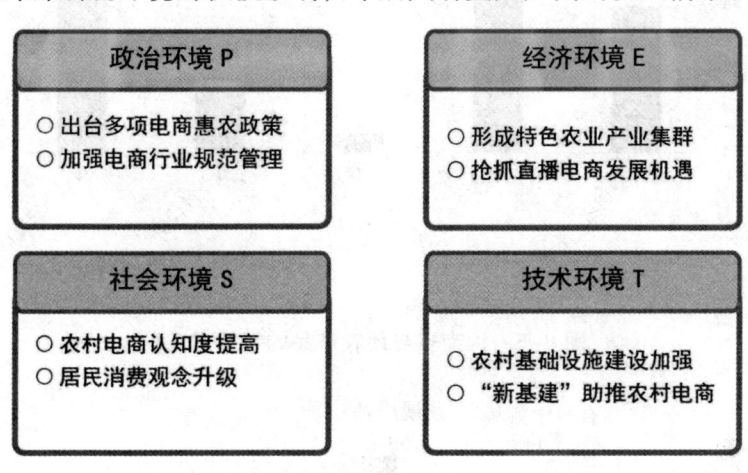

图 8-4　河南农村电子商务 PEST 模型分析

第二节　河南省农村电子商务发展存在的挑战

通过前面的分析得出河南省农村电商产业生命周期处于成长期前期阶段,PEST 模型分析则明确了其外部宏观环境对农村电商强有力的促进作用。但是通过访谈和问卷调查,河南省农村电商发展也存在诸多问题,与当前竞争环境不能很好耦合协同,影响乡村振兴战略的实施,这值得我们通过深入分析,找出对应的解决策略。

一、农民电商经营意识与技能缺失

通过调研发现,河南省当地农产品主要的销售方式还是卖给下乡小贩或是自己到农贸市场、批发市场销售,网上销售参与较少(如图8-5所示),调研也发现普遍认为河南省农村电商的发展还处于起步阶段(如图8-6所示)。

答题人数:126

图 8-5 河南省当地农产品的销售方式

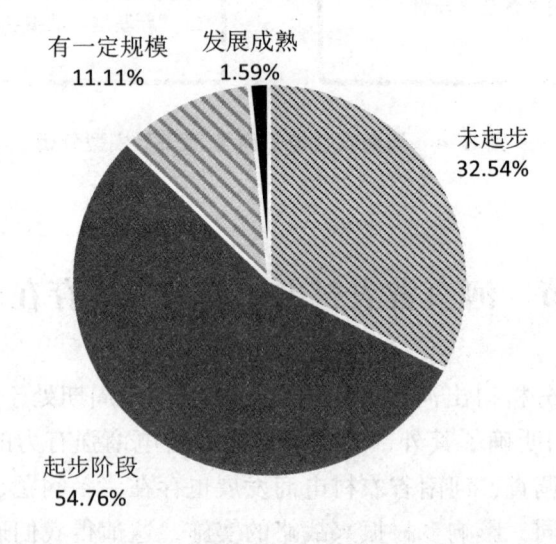

有一定规模 11.11%
发展成熟 1.59%
未起步 32.54%
起步阶段 54.76%

✕ 未起步　■ 起步阶段　▤ 有一定规模　■ 发展成熟

图 8-6 河南省农村电商的发展情况

造成这种情况的主要原因是当前在农村的农民多以劳动力不足的老年人和上学的青少年为主。他们凭经验种植、销售农作物的情况比较普遍，对用技术含量高的电商平台销售农产品不感兴趣。40.8%的农民很少在网上进行农产品销售，还有37.6%的农民没有进行网上销售，只有21.6%的农民常常进行农产品的网上销售（如图8-7所示）。

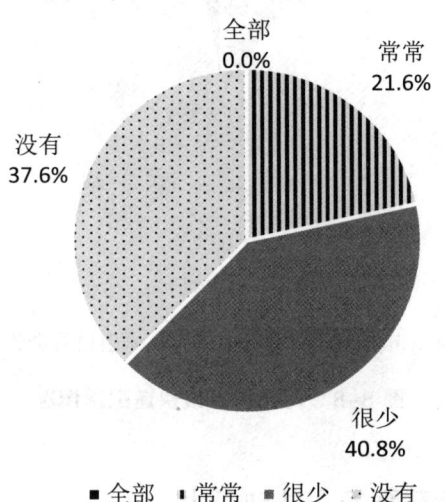

图8-7 河南省农产品网上销售情况

笔者针对上述情况进行了原因调查，调研网上销售农产品有哪些困难，排在第一位的困难是"农民不懂相关技术"，排在第二的是"农民认识不到电子商务的效用"。因此，建议当地政府可从提高农民对电子商务的认知度和相关技能方面着手，加强政策引导和培训力度，让农民认识到农村电商的效用，从而推进农产品上行的进程。

二、农村电商供应链保障能力弱

依据调研数据显示，河南省乡镇虽然有一半以上建有电商服务站点，但是能发挥实质作用的很少。一些地方政府通过示范县或服务站建成了许多电商设施，往往形式大于内容，收效并不好。同时，近年来尽管农村物流交通等硬件设施建设力度持续加大，覆盖面也不断拓展，但农村电商物流到户仍然做不到，农产品冷链物流还存在一些问题。比如，调研河南省部分乡镇快递配送情况，到乡、镇快递公司服务点取货就占到86.51%，依然不能做到物流配送到户，能做到配送到户的仅占3.17%（如图8-8所示）。农村居民收发快递不方便、快递费用偏高，无法满足家门口收发货的基本要求，这些基本的供应链保障问题严重影响了工业品下行和农产品上行。

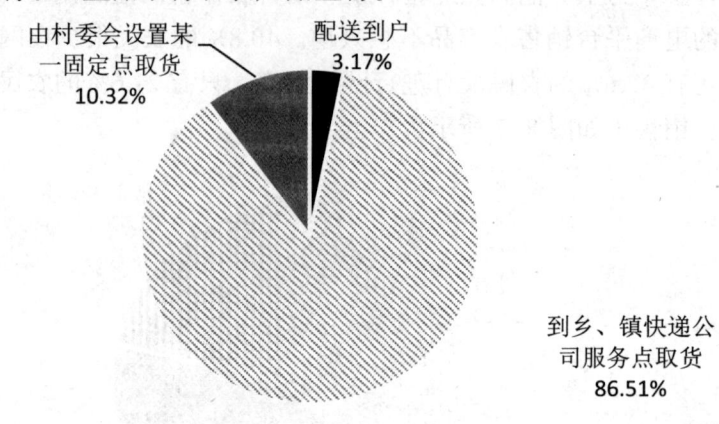

由村委会设置某一固定点取货 10.32%
配送到户 3.17%
到乡、镇快递公司服务点取货 86.51%

■ 配送到户　　到乡、镇快递公司服务点取货　■ 由村委会设置某一固定点取货

图8-8　河南省乡镇快递配送情况

三、农村电商运营服务人才缺口大

根据产业周期理论和对成功农村电商地区经验的分析，在产业发展萌芽期和成长期，电子商务领导者的示范作用是非常关键的。而目前，河南省依然有一些农村地区电商实施过程中存在农民不懂电商，而从事农村电商的企业或个人对农产品和农业发展也是一知半解的现象，农村电商人才仍有大量缺口。调研影响河南省农村电商效用的各项因素中，"农村电子商务人才匮乏"排在首位，其次是"农民对电子商务认知不足"。

出现这种现象的原因：一方面，电商人才培养模式与实际需要脱节，重理论而轻实操；另一方面，由于农村经济环境条件较差，熟悉在线商店运营和网络营销的电商人才更愿意留在城市发展，这就迫切需要培育本地电商带头人或新农人带动当地农村电商发展。

四、农产品标准化品牌化建设滞后

"您认为当前网购农产品存在的问题是哪些"的调研结果显示，实物与网上描述不一致、农产品标准不统一、没有品牌保证，不可溯源、担心消费安全，这三个是消费者主要担心的问题。近年来，河南省连续三年开展品牌创建活动，培育出了如双汇、三全、思念、好想你等近600个省级农业品牌，也逐渐诞生了像正阳花生、洛宁苹果、兰考蜜瓜、光山十宝、西峡香菇等地域性品牌。但是全省农业品牌多而杂、小而乱,地域性品牌居多的情况十分突出,河南农业仅有中国驰名商标78个,有产量优势的奶制品、面粉、油脂等缺少驰名品牌。[①] 特别是以地域特色出现的产品名称,一旦放到网上广阔的市场和海量的产品当中就凸显不出来特色。因为没有形成品牌化经营,生产标准不统一,所以农产品质量水平就不稳定;由于这些农产品品牌大多属于初级农产品的销售,优质绿色农产品较少,所以附加值低,农民获利就少,他们生产种植的积极性不高,进而也会影响农产品网络销售的积极性。这都会阻碍农产品上行。

第三节 国内农村电商几种发展模式解读

近几年,农村电子商务实现了快速的发展,在不断的探索与实践中,各地出现了多种多样的电子商务模式,这些电商模式在发展上具有可持续性,对于正在发展农村或将要发展农村电商区域来说具有非常积极的参考价值。下面,笔者介绍其中比较典型的几种模式,并对其做初步的解读。

一、交易平台型电子商务发展模式

交易平台型电子商务发展模式是为个人或者企业提供一个能够互通互联的平台,在这个平台上可以实现顺畅的交易洽谈,平台能够协调交易双方的资金流、物流、商流、信息流高效安全运营。例如,遂昌网店(以及该网店演化成的遂昌馆)的营销模式便是典型的交易平台型电子商务发展模式。该模式通过"电子商务综合服务商+网商+传统产业",使县域电商的发展在促进当地农产品加工产业化的同时,带动了当地农村经济的发展。"遂昌模式"的形成具有重要的意义:一方面,拉开了农村电商的破局序幕,使农村信息化的"最后一公里"被打通,让农民从电子商务中得到了更多的实惠。另一方面,对其他县域发展农产品电商、带动当地经济可持续发展提供了参考价值。

二、基地生产型电子商务发展模式

基地生产型电子商务发展模式是依托于本土的优势资源,生产一些特色的

---

① 周立,李同新.河南蓝皮书:河南农业农村发展报告(2021)[M].北京:社会科学文献出版社,2020:42.

产品，用以满足电子商务客户需求的一种发展模式。这种发展模式适宜一些能够生产特色产品的地区。例如，新疆由于其特殊的地理优势，能够生产出一些非常优质的农产品，但新疆很多县域的农户比较分散，小商户与大市场之间的销售渠道不畅通，导致这些农产品不能迅速销往全国，进而影响了农户的经济增长。而电子商务的出现解决了市场问题，农户借助电商平台便可以将产品向世界各地展示并销售，减少了中间环节，农户的经济收入提高了。当然，新疆地区地处西陲，要将优质的农产品短时间内运输到全国各地，就必须要有完善的物流体系支撑。基于此，新疆建立了仓储物流基地，逐步形成了新型的供应链渠道。与此同时，一些大的企业也开始围绕农村电子商务的物流布局。比如，新疆农资集团在2014年上线了"农佳乐"电子商务平台，该平台基于现代互联网思维，建设了现代流通物流配送体系，形成了线上线下全渠道的运营模式。如今，以新疆特色产品为支撑的电子商务形成了以网上购销、农产品电子交易、在线支付、快递配送等为一体的农村电子商务产业链的协同发展，同时与实体流通相对接，构建线上线下有效结合的可持续发展的营销模式。

三、中转集散型电子商务发展模式

中转集散供应型电子商务发展模式是为电子商务企业或者产品提供交易的平台、中转的场所、集散的基地的发展模式。例如，秀山县位于重庆市东南部，地处武陵山脉中段，四川盆地东南缘外侧，为川渝东南重要门户，该县地理位置优越，并且交通系统较为完善，发展农村电商具有得天独厚的优势。正是基于对自身优势的认识，秀山县政府提出了"买武陵、卖世界，买全国、卖武陵"的战略规划，这便是典型的"集散地+电子商务"的模式。在具体的实施中，秀山县政府促成了秀山云智科贸有限公司的成立，该公司成立之初便开发了拥有自主知识产权的"武陵生活馆"品牌，该品牌集线下实体店与线上商城于一体，推出了"线下体验，线上交易"的互动营销模式。在此基础上，秀山云智科贸有限公司进一步加强渠道建设，在与多家快递公司合作的同时，还设置了自己的专业配送团队，连通了全县的所有乡村，为村民提供24小时的上门服务。依托于百余家线下实体店、线上商城，多家快递公司以及自己的配送团队，该公司初步建成了覆盖城乡、双向流通的较为完善的物流体系，同步解决了农产品进城"最初一公里"以及农村收购或配送"最后一公里"的难题，为促进农村电商的可持续发展奠定了坚实的物流基础。

第四节　河南省农村电子商务可持续发展路径

一、河南省农村电子商务相关研究文献分析

河南省是农业大省，也是特色农业资源大省，地处中原、交通便利。有83个县、1 791个乡镇、4.8万个行政村，4 500多万的农村常住人口。河南省一直十分重视电子商务的发展，特别是在农村。

近年来，对针对河南农村电子商务的研究的关注度日趋提升（如图8-9所示）。通过对文献资料的分析可知，河南省学者对农村电子商务领域的关注焦点主要放在发展模式、制约因素、对策等方面，不乏真知灼见。

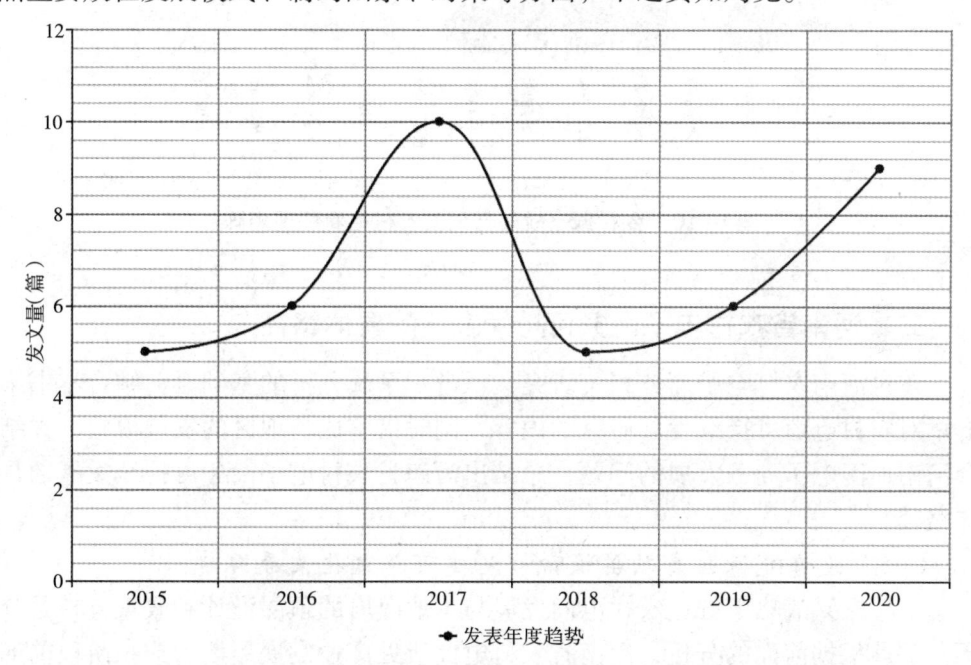

图8-9　2015—2020年关于河南农村电子商务研究的发文情况

其中，河南豫东地区作为全国主要的粮食产区，对当地探索创新农村发展新模式具有重要的借鉴意义，但能将农村电子商务和乡村振兴两者有效结合的相关研究力度更显薄弱，亟待进一步深入探索（如图8-10所示）。

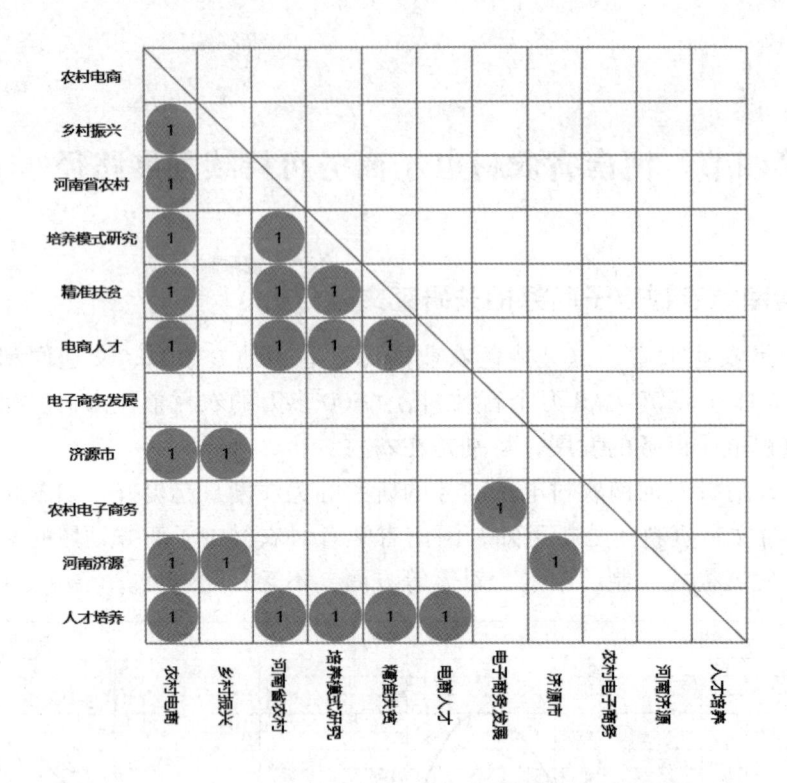

图 8-10　乡村振兴战略与河南农村电商共现矩阵

二、河南省农村电子商务可持续发展的具体路径

在对河南农村电子商务相关研究文献进行系统分析的基础上，结合本书第七章对农村电商可持续发展研究的内容，同时借鉴成功地区的发展模式，并结合河南地区电子商务发展的问题，总结出河南省农村电子商务可持续发展的具体路径。

（一）政府进行电商顶层设计，构建可持续化发展环境

乡村振兴战略下推进农村电商发展与本地政府的顶层设计和政策支持是分不开的。根据前面的分析，河南省农村电商所处产业发展周期为成长阶段前期的情况，结合各产业阶段政府制定政策的侧重点（如图 8-11 所示），建议从以下几个方面着手。

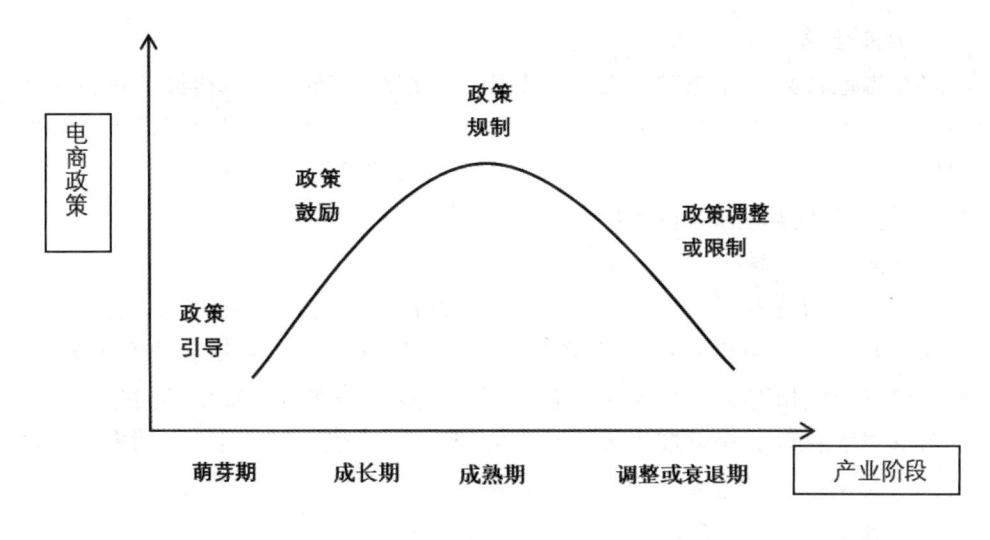

图 8-11　产业生命周期与政策制定关联图

1. 激发当地村民参与农村电商主动性

不仅要通过各种政策的引导和宣传,还要因地制宜,努力激发村民内生动力。通过组织农村电商的受益者或创业成功的邻里分享成功经验,破除村民的旧观念,让他们切实从农村电商中获取切实的利益,增强从事农村电商的决心。

2. 务实推进农村电商配套设施

河南省在农村电商基础设施建设方面已取得一定的成绩,但是更需要在政策落地方面花大力气,要通过深入调研当地农民的切实需要,真正将资金投入到切实可行的建设中;要避免流于形式,避免政府面子工程等难以落地项目的出现。通过不断完善通信、网络、交通等电商配套设施,同时推动全链条、可追溯、高效率的智慧冷链物流建设,最终做到物流配送、收发到户。

3. 创新顶层设计,实现农村电商全产业链可持续发展

政府应尽可能搭建本地农村电商企业与有实力、有经验助农的电商平台之间的桥梁,建立农村电商产业链上下游配套服务体系。特别是要大力实施农业大数据挖掘工程,科学决策,提高农业投入资源使用效率,倒逼农业升级改造,建立可持续发展的农村电商生态体系。

（二）建立多元人才培养体系,持续保障农村电商人才需要

为了保障持续性输送高质量农村电商所需要的人才,可以从以下三个方面构建人才培养体系。

1. 开展普及性培训

组织当地各县区首先对扶贫第一书记、一线村干部、党员村民等进行全面轮训，因为他们是农村电商的宣传者、组织者、引导者。同时对于广大农民要针对农村电子商务的优势、操作流程等方面进行普及性的培训，提高他们实施农村电子商务的紧迫感和自主性。

2. 培养农村电商带头人

电子商务的技术复杂，只有从事农村电商的积极性还不够，针对这些技术上的关键点，要重点培育那些理解力强、实操性强、有主动意愿的本土人才。例如，最好将退伍军人、大学生村官、回乡企业家等作为主要培训对象，使他们能够通过农村电商经营成为带头致富的能手，扩大宣传他们的成功事迹，提高其他农民从事农村电商的积极性和自信心。

3. 打通高校人才培养通道

一方面，我们可以利用当地高校的师资优势，对有意愿从事农村电商的人员开展实操指导，实现技术培训下乡；另一方面，当地政府、电商企业可以与高校建立农村电商协同创新中心，或者在高校电子商务等相关专业开办"农村电商振兴创新班"或"农村电商企业订单班"，致力于将学生创新创业教育与当地的乡村振兴通过农村电商协同创新中心的平台实现互动互融。这样不但培养了高素质农村电商专业人才，而且通过全过程育人各要素的有效衔接，促使学生毕业后能积极主动投身农村电商的服务当中，成为新型职业农民，将个人理想的实现与促进当地经济发展相融合，达到了"三全育人"的目的。例如，开封大学与京东合作建立了"京东订单班"来高效服务农村电商服务点；开封市祥符区刘店乡政府与当地某高校达成战略合作伙伴关系，共建了"刘店好青年"精准扶贫创业实践基地，每年固定收购本地农产品，不但能够让大学生得到创业实践锻炼，而且能够带动农产品的上行。

（三）实现农产品标准化品牌化，建立"双循环"新发展格局

1. 实施特色农业品牌培养工程

要借助农产品的标准化生产，使质量有保障，形成良好的口碑；提炼农产品的乡土文化、民俗文化，形成独具特色的农产品品牌，扩大网络销售。要通过深挖产业链，提高初级农产品附加值，对农产品进行深加工，构建品牌系统来提高农民的收益率。另外，随着城乡居民收入不断增长，消费结构持续升级，对优质、特色农产品的消费需求持续增加，对农产品产生了如绿色、有机、营养、保健等个性化、多样化的消费需求。而河南省优质绿色农产品产量占比较低，这就需要政府积极引导当地各类农业经营主体迅速转变经营思路，

以满足这些新需求；同时可以跟阿里、京东、拼多多等电商企业合作进行智慧农业的布局，实现农产品的质量安全从种植一直到加工、流通整个产业链都能够溯源，让消费者对农产品的每一道工序都能够监控，让他们买得放心、吃得安全、用得舒心。

2. 大力发展农产品跨境电商出口

2020年国家提出"构建国内国际双循环相互促进的新发展格局"的经济战略思路，随着跨境电商进入高质量发展阶段，农产品跨境电商出口大有可为。河南省发展农产品跨境电商优势很多：拥有海陆空和网络"四条丝路"；有近80个省级特色跨境电商产业园区；河南保税物流中心是目前国内对外开放度最高的跨境电商平台。河南省农产品已踏上标准化、品牌化、绿色化之路，要使河南农产品品牌更好地融入全球价值链产业链体系中，来实现农村农业的"走出去"。

（四）以"农村电商+乡村建设"为抓手，实现乡村振兴

国家提出的乡村振兴战略包括五大发展目标，其中产业兴旺是促进其他四个目标实现的重要基础。而农村电商是实现产业兴旺的有力工具。在农村实施深入的电子商务，将增强农村的吸引力，并吸引更多优势资源回流到农村。从农村电商到农业电商，不仅是财富的增长，还表现出整体农村条件的改善和乡村旅游的兴起，最终实现产业的发展。通过农产品销售带动农业升级和推进"新基建"政策的实施，数字农业与旅游、文化、教育等多产业相结合，推动了农村全业态融合发展和美丽乡村的建成。

例如，河北省尚义县充分利用年平均气温3.5℃的气候，通过现代农业产业园区和特色旅游景区的联合建设，倡导当地农民开发农家乐、民俗游等项目，增加农民收入；安徽省巢湖市的"三瓜公社"，通过重点打造南瓜电商村、冬瓜民俗村和西瓜美食村三个特色村，实现农旅、商旅、文旅"三旅结合"，使特色农产品与电商产业融合，为产业振兴带动乡村振兴做出了成功典范。

河南省农村要以电子商务为抓手，以"互联网+三农"为实施路径，充分利用农村当地的自然生态资源、历史文化资源等，因地制宜挖掘当地特色，开发农旅、文旅结合的休闲旅游项目，并利用网络社交平台大力开展多维营销宣传，形成竞争优势，进而使现代农业产业园不仅成为一个农业生产的基地，还可成为人们旅行和放松的好地方，最终实现河南省农民增收、产业融合、生态宜居的可持续发展。

附录　河南省农村电子商务发展现状调查

　　您好，十分感谢您抽出宝贵的时间来填写这份问卷调查，此问卷主要了解农村电子商务的发展情况，请根据您自身的实际情况来填写，最终结果用于学术研究，不会泄露您的个人资料，非常感谢您的合作！

Q1：您的性别：

A. 男　　　　　　　　B. 女

Q2：您的年龄：

A.20 岁以下　　　　B.20～29 岁　　　C.30～39 岁

D.40～49 岁　　　　E.50～59 岁　　　F.60 岁以上

Q3：您的文化程度：

A. 初中及以下　　　　B. 高中　　　C. 中专 / 技校

D. 大专　　　　　　　E. 本科及以上

Q4：您的身份是：

A. 当地农民　　　　　B. 非农民

Q5：您平时是否进行网上购物？

A. 是　　　　　　　　B. 否

Q6：您平时有在网上购买过农产品吗？

A. 有，偶尔购买　　　B. 经常购买　　　C. 从来没有

Q7：您都在哪些平台购买过农产品？（多选）

A. 淘宝　　　　　　　B. 拼多多　　　　C. 直播平台

D. 微信　　　　　　　E. 其他

Q8：您网购农产品的理由是（多选）

A. 新鲜，价格较便宜　　　　　B. 品质有保障

C. 品种多，可以买到非当地产品

D. 方便，可以在家完成购买　　E. 扶贫助农

Q9：您认为当前网购农产品存在的问题是（多选）

A. 不可溯源，担心消费安全　　B. 实物与网上描述不一致

C. 农产品标准不统一，没有品牌保证

D. 售后服务跟不上　　E. 物流速度慢

Q10: 当地农产品主要以何种方式销售？（多选）

A. 自家用掉，不卖　　B. 卖给下乡小贩　　C. 网上销售

D. 合作社代销　　E. 自己到农贸市场、批发市场销售

Q11: 您所在的乡镇有电商服务站点吗？

A. 有　　B. 没有

Q12: 您所在的乡镇快递配送情况如何？

A. 配送到户　　B. 到乡、镇快递公司服务点取货

C. 由村委会设置某一固定点取货

Q13: 您所在地的农产品有进行网上销售吗？

A. 全部　　B. 部分　　C. 很少　　D. 没有

Q14: 您所在乡镇电子商务发展情况如何？

A. 未起步　　B. 起步阶段　　C. 有一定规模　　D. 发展成熟

Q15: 您对农村网上销售农产品的看法？

A. 很有前景，拓展了销售渠道　　B. 完全没必要，还是旧的销售渠道好

C. 不了解，不清楚

Q16: 您认为网上销售农产品有哪些困难？（多选）

A. 农民认识不到电子商务的用途　　B. 农民不懂相关技术

C. 初级农产品利润低　　D. 没有农产品品牌，竞争激烈

E. 农产品运输不便捷

Q17: 您认为制约农村电子商务发展的因素是什么？（多选）

A. 农村电子商务人才匮乏　　B. 农民对电子商务认知不足

C. 当地政府扶持不够　　D. 农村基础设施跟不上

E. 农村物流运输不方便　　F. 当地农民不懂相关技术

Q18: 您希望政府为推进农村电子商务做什么？（多选）

A. 推进农村电商意识普及　　B. 成立农村合作社，搭建平台

C. 建立农产品品牌，特色经营　　D. 大力培育电商带头人

E. 开展电商技术培训　　F. 改善物流等基础建设

参考文献

[1] 张晓山. 乡村振兴战略 [M]. 广州：广东经济出版社, 2020.

[2] 刘汉成, 夏亚华. 乡村振兴战略的理论与实践 [M]. 北京：中国经济出版社, 2019.

[3] 于学文, 李婷梓, 李世华. 农村电子商务 [M]. 北京：中国农业出版社, 2019.

[4] 祝维亮. 乡村振兴视角下高校农村电商服务机制创新研究 [M]. 北京：中国原子能出版社, 2019.

[5] 徐克, 熊露, 罗洁霞. 不出村能致富 "互联网 农产品" 经营实务 [M]. 北京：中国科学技术出版社, 2018.

[6] 陈联刚. 地理标志农产品电子商务发展模式创新研究 [M]. 武汉：华中科技大学出版社, 2018.

[7] 郑嘉君, 刘军英. 基于 PPP 视角下的河南省实施乡村振兴战略问题研究 [J]. 农业与技术, 2021,41(8):8160–8163.

[8] 孟毅, 禢冰. 广东省乡村振兴发展测度及路径选择研究 [J]. 南方农村, 2021,37(2):34–39,55.

[9] 任一啸. 新时代乡村振兴战略实施的探索——以四川蒲江县明月村为例 [J]. 农村·农业·农民（B 版), 2021(4):19–21.

[10] 赵绍雄. 乡村振兴战略进展及未来发展前瞻 [J]. 今日财富, 2021(8):13–14.

[11] 徐振. 乡村振兴战略背景下大学生回乡创业路径 [J]. 农业经济, 2021(4):129–130.

[12] 高亚文, 梅星星. 基层实施乡村振兴战略的问题探讨与细节把握——基于河南省实施乡村振兴战略的调研与思考 [J]. 农村·农业·农民（A 版), 2021(4):30–32.

[13] 柳俊丰. 乡村振兴战略的深层次与分层次问题探究——基于农业供给侧结构性改革的视角 [J]. 江苏海洋大学学报 (人文社会科学版), 2021,19(2):114–122.

[14] 王兴国, 吴梵. 乡村振兴战略实施效果及其影响因素分析——基于山东省 "十百千" 工程示范县调研数据 [J]. 山东农业大学学报 (社会科学版), 2021,23(1):1–7.

[15] 张晔. 精准扶贫与乡村振兴战略有效衔接的实施路径探索 [J]. 决策探索（下), 2021(3):16–18.

[16] 马远翔. 全面实施乡村振兴战略推动农业强农村美农民富的探索 [J]. 农村·农

业.农民(B 版),2021(3):11-12.

[17] 王博,毛锦凰.论双循环新发展格局与乡村振兴战略融合发展[J].宁夏社会科学,2021(2):82-89.

[18] 黄敬瑜.农村电子商务发展影响因素及对策[J].营销界,2021(18):59-60.

[19] 陈兢.乡村振兴视角下电子商务发展对农业产业集聚的影响——以广西为例[J].商业经济研究,2021(8):123-127.

[20] 刘威.乡村振兴背景下农村电子商务发展存在问题及对策分析[J].今日财富,2021(8):59-60.

[21] 金宇.乡村振兴战略下农村电子商务精准扶贫路径探究[J].今日财富,2021(8):61-62.

[22] 冯海洋.农村电子商务发展模式及推进路径研究[J].农业经济,2021(4):137-138.

[23] 郭娜,周奥朔.河北省农村电子商务发展模式分析[J].产业与科技论坛,2021,20(8):17-18.

[24] 安静.精准扶贫背景下农村电子商务的发展分析[J].今日财富(中国知识产权),2021(4):74-75.

[25] 祁永玺.浅论电子商务进农村在实施乡村振兴战略中的作用——以青海省门源回族自治县为例[J].农家参谋,2021(5):1-2.

[26] 孟柯.电子商务环境下农村物流配送模式选择研究[J].农业经济,2021(3):125-127.

[27] 杨崇崇.电子商务发展经营背景下农民合作社创新发展问题研究[J].农业经济,2021(3):139-140.

[28] 周水平,谢培菡,汪淑群,等.农村电子商务发展现状及形成机理研究——以江西淘宝村为例[J].当代农村财经,2021(3):43-47.

[29] 王飞.基于 C2C 电子商务模式的农村物流发展体系构建探析[J].科技创新与生产力,2021(3):46-47,55.

[30] 王文思.乡村振兴背景下农村电子商务发展路径研究[J].中国市场,2021(7):190-191.

[31] 李勇坚,刘奕.加快以互联网推动城乡均衡发展[J].中国发展观察,2021(5):39-42.

[32] 李宁馨.基于"互联网+"为导向的农村电商发展探究[J].中国管理信息化,2021,24(5):75-76.

[33] 谢昀轩.湖北农村电商产业发展现状及对策[J].合作经济与科技,2021(5):90-91.

[34] 汪鹏.我国西部农村电子商务发展面临的困境及对策[J].山西农经,2021(4):21-22.

[35] 苏循博,郑煜.烟台农村电子商务物流发展研究[J].山西农经,2021(4):106-107.

[36] 李晓红.农村电商富民发展探析——以赣榆区农村电商发展为例[J].商场现代

化,2021(4):30-32.

[37] 王军,何鲲.贫困地区农村电子商务发展困境及对策研究——以安徽省定远县范岗乡为例[J].山西能源学院学报,2021,34(1):66-69.

[38] 李向洋,吴继飞,田和买,等.农村电子商务服务站激活路径研究[J].现代营销(下旬刊),2021(2):148-149.

[39] 张靖茹,苏惠雅,崔红.农村电子商务的发展问题与对策分析——以临沂市蒙阴县为例[J].延边教育学院学报,2021,35(1):100-102,105.

[40] 刘可.农村电子商务发展模式比较分析[J].农村经济,2020(1):81-87.

[41] 余伟.国外农村电子商务配送模式发展的启示研究[J].时代经贸,2017(31):33-34.

[42] 杨旭,李竣.农村电商促进乡村振兴的作用研究[J].当代农村财经,2021(4):52-55.

[43] 戈晶晶.汪向东:升级农村电商助推农业数字化[J].中国信息界,2021(2):12-16.

[44] 谢晓雯,苏卓君.农村"三产融合"视阈下数字经济发展的法制思考[J].南方农村,2021,37(2):45-49.

[45] 陈兢.乡村振兴视角下电子商务发展对农业产业集聚的影响——以广西为例[J].商业经济研究,2021(8):123-127.

[46] 杨蓓.基于乡村振兴视域的农村电商发展法律问题分析[J].辽宁农业科学,2021(2):44-47.

[47] 吴庆.基于乡村振兴背景下农村电商物流"最后一公里"配送模式研究[J].技术与市场,2021,28(4):184,186.

[48] 刘庆全,宁钟,蔡小锦.汇通达:农村电商新生态[J].企业管理,2021(4):84-86.

[49] 孙丹丽,郭月朦.基于"互联网+"的乡村产品品牌价值探索[J].包装工程,2021,42(8):234-240.

[50] 彭彰燕."互联网+"背景下我国农村电商发展研究[J].南方农机,2021,52(7):55-56.

[51] 刘泽.农村电商发展下冷链供应链存在的问题与对策研究[J].南方农机,2021,52(7):63-64.

[52] 龚轩,刘希,郭小珊,等.武陵山片区农村电商扶贫的现状及发展策略研究[J].南方农机,2021,52(7):87,97.

[53] 聂召英,王伊欢.乡村振兴战略下农村电商公共服务体系适应性问题研究——以S省H市C县D镇农村电商的实践为例[J].世界农业,2021(4):44-52,112.

[54] 冯小娅,唐小平.乡村振兴视角下农村电商发展对农村经济的影响研究——以贵州省为例[J].物流科技,2021,44(4):85-87.

[55] 刘晓亚.农村电商双创人才培养模式研究[J].福建电脑,2021,37(4):71-73.

[56] 黄建明.乡村振兴背景下金华农村电商发展策略研究[J].科技经济导

刊,2021,29(10):233-234.

[57] 赵婷婷,马祥山.远程教育与高职教育结合助力电商物流振兴乡村经济[J].中国储运,2021(4):154-156.

[58] 杨天红.乡村振兴背景下农村电商直播助力产业发展策略研究[J].长春金融高等专科学校学报,2021(2):73-76.

[59] 苏翠.偏远地区农产品电商物流发展探究[J].物流技术,2021,40(3):25-28.

[60] 丁菊,贾晓东,柳西波.农村电商人才开发的路径研究——以乡村振兴战略下的河北为例[J].现代营销(下旬刊),2021(3):188-189.

[61] 李志平,吴凡夫.农村电商对减贫与乡村振兴影响的实证研究[J].统计与决策,2021,37(6):15-19.

[62] 李晓钰,张廷海,郭枫.乡村振兴视阈下农村电商发展困境及路径探讨——以安徽省蚌埠市为例[J].辽宁行政学院学报,2021(2):54-58.

[63] 赵晨滢."互联网+"农村电商的发展问题及对策[J].新闻前哨,2021(3):105-106.

[64] 甘柳文,李肇芳.乡村振兴背景下农村电商物流发展的研究对策[J].内蒙古科技与经济,2021(5):55-56.

[65] 李辉秋,马玲,刘青青.乡村振兴战略下我国农村电商精准扶贫脱贫策略研究[J].山西农经,2021(5):5-6.

[66] 张世贵.缓解相对贫困视角下的农村电商扶贫:机制与路径[J].电子政务,2021(3):94-102.

[67] 王文思.乡村振兴背景下农村电子商务发展路径研究[J].中国市场,2021(7):190-191.

[68] 陈雪梅,周斌.农村电商运营主导模式及其对农户生计策略的影响[J].商业经济研究,2021(5):142-146.

[69] 谢昀轩.湖北农村电商产业发展现状及对策[J].合作经济与科技,2021(5):90-91.

[70] 尹晓波.乡村振兴背景下农村电商精准扶贫问题研究[J].常州工学院学报(社科版),2021,39(1):124-128.

[71] 钱敏,刘井尚.基于赋权理论的江苏省农村电商服务机制建设探析[J].黑龙江粮食,2021(2):56-57.

[72] 寇爽.乡村振兴下我国农村电商精准扶贫的路径分析[J].农村经济与科技,2021,32(4):93-94.

[73] 项凯.农村电商直播之于乡村振兴战略的成效、问题及建议[J].农村经济与科技,2021,32(4):165-166.

[74] 林颖.农业全产业链融合农村电商促进精准扶贫研究[J].财富时代,2021(2):22-23.

[75] 徐颖. 乡村振兴战略背景下的农村电商发展对策研究 [J]. 现代营销 (下旬刊),2021(2):146–147.

[76] 王庭 , 余佳华 , 韩梅. 新时代农村电商转型升级的路径——以安徽省为例 [J]. 黑河学院学报 ,2021,12(2):49–51,54.

[77] 周捷飞. 农村电商支持我国农村致富效应 : 理论机制及实证检验 [J]. 商业经济研究 ,2021(4):133–137.

[78] 窦婧嘉. 吉林省县域直播电商促进农村发展的策略研究 [J]. 农村经济与科技 ,2021,32(3):139–140.

[79] 丁璐. 加快农村电商体系建设 积极助力乡村振兴战略 [J]. 中国合作经济 ,2021(2):60–62.

[80] 肖诗菲 , 彭敏 , 黄文群. 乡村振兴背景下村级电子商务服务站发展策略研究——基于吉安市的经验证据 [J]. 营销界 ,2021(8):55–56.

[81] 杨彩华 , 陈明珠 , 邬小霞. 乡村振兴视角下湛江市农村电商的发展现状及对策 [J]. 中国市场 ,2021(5):193–194.

[82] 余雅晶. 乡村振兴视角下大学生农村电商创业实践模式研究 [J]. 农业经济 ,2021(2):122–124.

[83] 陈婷. "互联网 +" 背景下农村电商发展的现实意义及对策分析 [J]. 农业经济 ,2021(2):143–144.

[84] 李显 , 彭淑敏. 乡村振兴战略下的农村物流发展研究 [J]. 物流工程与管理 ,2021,43(2):10–12.

[85] 廖卢琴 , 钟婉茹. 探索乡村振兴背景下高校学生助力农村电商发展的创新路径——基于校企合作协同 "互联网 + 精准扶贫" 背景的研究 [J]. 科教文汇 (上旬刊),2021(2):24–25,36.

[86] 马婕菲 , 陈松林. "互联网 + 三农" 电商平台创业人才开发策略——安徽省巢湖市三瓜公社的实践 [J]. 中国人力资源社会保障 ,2021(2):36–37.

[87] 郑洁. 乡村振兴背景下农村电商发展模式与运营体系构建 [J]. 商业经济 ,2021(2):115–116.

[88] 吴昌嵘. 乡村振兴战略下农村电商创新发展的文献述评 [J]. 南方农机 ,2021,52(2):85–87.

[89] 聂召英 , 王伊欢. 链接与断裂 : 小农户与互联网市场衔接机制研究——以农村电商的生产经营实践为例 [J]. 农业经济问题 ,2021(1):132–143.

[90] 程斌. 新时期西部农村电商发展现状及对策——以重庆市为例 [J]. 现代农业科技 ,2021(2):265–266.

[91] 张伟. 大数据与农村电商深度融合助推保定市乡村振兴研究[J]. 南方农业,2021,15(2):164-165.

[92] 吴恬. 乡村振兴战略下陕西省集聚提升类村庄电商发展现状研究——以石泉县曾溪镇为例[J]. 河北企业,2021(1):90-91.

[93] 唐贞永,李欣钰. 乡村振兴战略下农村电商服务站多元化建设探究[J]. 今日财富(中国知识产权),2021(1):69-70.

[94] 赵爽. 高校农村电商专业人才培养模式构建研究[J]. 山西青年,2021(1):31-32.

[95] 罗正业. 城乡协同发展视域下宽带下乡对农村电商创业活动影响实证研究[J]. 商业经济研究,2021(1):143-146.

[96] 余高. 乡村振兴背景下我国农村居民电商创业驱动因素分析[J]. 商业经济研究,2021(1):147-150.

[97] 高立志,王能晓,赵晓强. "互联网+"模式下乡村振兴道路探索[J]. 山西农经,2020(24):16-18.

[98] 邢祥焕,赵爱威. 双向流通背景下农村电商物流体系建设研究[J]. 技术经济与管理研究,2020(12):109-112.

[99] 陈春茹.5G背景下农村电商企业运营模式优化路径分析[J]. 江苏商论,2020(12):33-35,38.

[100] 杨守德,张天义. 渠道下沉背景下农村电商发展研究[J]. 商业经济,2020(12):99-100.

[101] 谭星. 湖南农村电商领域新型职业农民培育现状调研报告[J]. 农村经济与科技,2020,31(23):291-293.

[102] 苏晨. 嘉兴农村电商"淘宝村"发展模式的关键成功因素分析[J]. 河南农业,2020(35):62-64.

[103] 严莉. 加快打造电子商务进农村综合示范升级版的问题研究——以福建尤溪为例[J]. 现代农业研究,2020,26(12):17-20.

[104] 韦珏. 乡村振兴下广西农村电商精准扶贫的新路径[J]. 中小企业管理与科技(中旬刊),2020(12):52-53.

[105] 尤影. 乡村振兴战略背景下河南农村电商可持续发展路径探索[J]. 开封大学学报,2021(1):42-47.